フランス田舎暮らし12カ月

12 mois à la campagne en France

イザベル・ボワノ

Prologue

[はじめに]

この本を手にとってくださったみなさんへ

『フランス田舎暮らし12カ月』は、私の日々の生活はもちろん、旅の思い出や季節ごとの暮らしぶり、私を取り巻く人々やものごとについてつづった本です。

1月から12月まで、それぞれの月を、次の10のテーマで紹介しています。

1. 季節の花
2. 日記
3. ブーケ
4. ワードローブ
5. お出かけ
6. お買い物
7. 雑貨コレクション
8. レシピ
9. 手芸・クラフト
10. 出会い

実際には、この本に書かれているほど頻繁に旅行することはありませんが、私が好きな人やもの、インスピレーションをもらえる場所など、なるべくたくさん紹介できるように、私にとっての理想の12カ月をぎゅっと閉じ込めました。

私たちはみな、旅の思い出や人々との出会い、心を癒してくれるものたちのおかげで、温かくて居心地のいい自分だけの夢の世界を、心に作りあげています。その一方で、気候変動の影響でさまざまな自然災害が起こり、多くの動植物が絶滅の危機に瀕し、戦争は終わらず、格差は広がり……。今、私たちを取り巻く世界は、不安定で、不安要素ばかりのよ

うに見えます。

そんな現実から目をそらさず、きちんと向き合う力を身につけるためにも、いのちの不思議や美しさを教えてくれるものを、できる限り大切にしなければならないと思うのです。

それはたとえば、自然をよく観察すること、たとえ小さくても、自分の家の周りに生物多様性が育まれる場所を作ること、環境に配慮して作られた食品や製品を選ぶこと、周りの人、そして自らにも思いやりを持つことです。

一年間のささやかな日々を記したこの本を通して、みなさんに私の世界を訪れてもらい、さらに、自分自身の夢や願いについて考える機会になればうれしいです。

私の人生において、本は特別な存在です。

どんな本にも、世間のリズムとは異なる、その本だけの独特な時間が流れているように感じます。

読むことで自信がついたり、作家やイラストレーターに深い親しみをおぼえ、ひいては人間そのものをとても愛おしく感じられたりする本に、出会ったこともあります。

仲良しの友達と話をするときと同じように、自分の悩みや喜びが実は普遍的なもので、誰しもさまざまな疑問や迷い、矛盾した感情にさいなまれているのだということに、読書を通じて気づき、励まされることもあります。

この本を読んで、自分も一年を振り返る文章を書いてみようかなと思う方がもしいたら、こんなにうれしいことはありません。そうでなくても、せめて、あなたにほんの少しでもときめきを届けられたなら、本望です。

楽しい読書の時間を!

Sommaire

目次

La boule de gui

［ヤドリギ］

「ヤドリギで新しい年を！」これは、新年を迎え
る喜びを表すフランスの決まり文句で、ガリア
時代のドルイド※が起源と言われている。
※ケルト人社会における祭司。

1月
Janvier

フランスの大晦日は友人たちと過ごし、一緒に新年をお祝いすることが多い(一方、クリスマスは家族で祝う)。12月31日は聖シルヴェストルの日にあたり、クリスマスに続いて、これまた羽目をはずして飲んだり、贅沢なごちそうを食べたりする。だから、元旦を頭痛とともに迎えるフランス人はけっこう多い!

1月には新年の抱負を決めるという伝統があり、みんなそれぞれ、もっと運動するとか、もっとバランスの取れた食事をするなんてことを誓ったり、自宅の模様替えや、今年こそ引っ越しして新しいスタートを切ろう、なんて想像をしてみたりする。とはいえ、変えたいと願ってもなかなか実現できないことを、みんなよくわかっている。それでも私は、よりよい生活をイメージするこのひとときが好きだ。日々の暮らしをもっと心地よいものにするために、時間をかけていろんな方法を考えるこのひとときが。

新年の抱負リストに、「バランスよく食べる」なんて書いても、外がものすごく寒くて、ブランジュリーのショーウィンドウにガレット・デ・ロワがずらりと並んでいるこの季節に実行するのは至難のわざ!そんなときは、食べ過ぎると危険なアーモンドクリームの詰まったガレットはあきらめて、ブリオッシュ・デ・ロワ※で手を打つという作戦も悪くない。ガレットの中にはフェーヴが隠れているというお楽しみもあるから、子どもたちと一緒に食べるときはことさらおいしく感じる。今日は誰が王様と女王様になるのかな?

※ブリオッシュ生地で作ったガレット・デ・ロワ。

Anémones blanches ［白いアネモネ］

赤や緑、金色のクリスマス飾りを片付けたあとは、ふんわりやさしい色合いのものを部屋に飾って、心安らぐ雰囲気を取り戻したくなる。冬は、マルシェでアネモネをよく買い求める。アネモネはどの部分も好き。おしべとめしべの深く青みがかった黒とコントラストをなす美しい花びら。ギザギザした葉っぱが生えている茎は、ときおり見事な曲線を描く。色鮮やかなものもきれいだけれど、白いアネモネは心を落ち着かせるのに理想的だし、冬のピュアな美しさを象徴する、純白の雪や霜を思い起こさせてくれる。

夜が長い1月は、いかに心地よく自宅で過ごせるかが大切だ。冬眠する動物たちのように、私も外に出る必要はない。ゆったりとした気持ちで美しい花々を観察しながら仕事をし、少しの音楽さえあれば十分幸せ。

Des vêtements beiges et blancs ［白とベージュの服］

部屋のインテリアと同じように、1月はやさしい色合いの服を着るのが好き。白、オフホワイト、ベージュ、そして、ヘーゼルナッツ色を少し。色合いも大切だけど、特に寒いこの月は、暖かさと着心地のよさが最優先。とても寒がりな私は、しっかりとした「保温材」を作るべく、服を何層にも重ねるのをいとわない。

純毛100％の薄手の長袖カットソー、セーターも長袖なら薄手、または袖のないジレを愛用している。素材はカシミアやモヘア。さらに、寒さに立ち向かう私の最終兵器であるヤクの毛糸で編んだどっしりとしたセーターを上に着る。こうすれば、決して寒さに震えることはない。熱を逃がさないのに、きちんと通気性もあるウールは、ニット帽や靴下も加えれば、頭のてっぺんから足の先まで、全身に身につけられる理想的な素材だ。

Angoulême ［アングレーム］

私は常々、「1月は冬眠する！」と宣言している。冬の静けさのおか
げで、家でいろいろなことに集中できるから、1年のうちでこの時
期は旅行をしない。フランスのほかの街と同じく、私の住むアング
レームでもクリスマス飾りは1月末まで取り外されることはない（少
し前のときもある）。おかげで、夜のとばりを照らし、建物の美しさ
をさらに際立たせてくれるきれいなイルミネーションを1月中も楽
しむことができる。

私はよく、きょろきょろしながら自分の暮らす街を歩く。美しいファ
サードや屋根、鐘楼、年季の入った手描きの店看板を愛でながら
歩くと、いつもの散歩に魔法がかかり、タイムトラベル気分を味わ
える。マルシェで旬の果物や野菜をたくさん買い込むのが、冬の
唯一のお出かけ。あ、でも、たまにパティスリーに寄り道することも
……。

コンフィしたフルーツをのせた
ブリオッシュのガレット

定番のフランジパン入りガレット・デ・ロワ

Galette des rois ［ガレット・デ・ロワ］

待ちに待った、ガレット・デ・ロワの季節！ パティスリーのショーウィンドウをにぎわせていたビュッシュ・ド・ノエルに代わって、主役の座につく1月のスター菓子だ。フランジパンのガレット（超高カロリー）と、コンフィしたフルーツをのせたブリオッシュのガレット（アーモンドは入ってないけどとってもおいしい）、どちらを選ぼうかな？ 私の行きつけのパティスリーには、アーモンドクリームを挟んだブリオッシュ生地に、ドライフルーツとコンフィしたフルーツをたっぷりのせた特製ガレットがあって、ブリオッシュのふわふわ感と定番ガレットのアーモンドクリーム、2種類のガレットのいいとこ取りをしている。しかも、そのガレットの中からは、鼻と手足が白い黒猫のフェーヴが出てきた！ 今年、私が猫を飼うという暗示なのかもしれない？！

Les verres soufflés anciens ［アンティークの手吹きグラス］

いびつだったり、気泡が入っていたり、うねっていたり、彫りや金の装飾があったり、脚付きだったりなかったり。アンティークのグラスは蒐集家の心くすぐる立派なコレクション品。手吹きガラスならではの不ぞろいなフォルムや美しき不完全さが、それぞれのグラスを唯一無二のものにしていて、それはまさに、美しさと繊細さを賛美する詩のよう。さらに感心するのは、絶対に割れなそうなほど頑丈であること。だからこそ、今でもたまに蚤の市で、13世紀のグラスに出会えたりする。

普段は、飲み物に使うのはもちろん、小さなブーケを生けることもある。透明だから、茎や葉っぱまで花全体の姿がきれいに見える。食卓を飾るとき、席ごとに2、3個のグラスを置くのが大のお気に入りだ。まるで、おとぎ話のような雰囲気が生まれるから。

Daikon à la vapeur au sésame

[蒸し大根の黒ごま添え]

私にとって「白がテーマ」のこの月は、大根が冬の食卓の主役になる。
蒸すことで、繊細な味わいが引き出され、体もぽかぽかに温めてくれる。
そして、消化にとってもいい。

材料 (作りやすい量)

大根 … 1本

すりごま(黒) … 適量

ごま油 … 適量

イタリアンパセリ … 適量

おろししょうが … 適量

しょう油 … 適量

作り方

1. 大根を洗って皮をむき、3〜4cmほどの厚みで輪切りにする。パセリは洗っておく。

2. 輪切りにした大根を蒸し器に並べ火にかけ、お湯が沸騰したら中火にし、ナイフがすっと通る柔らかさになるまで蒸す。

3. お皿に盛りつけ、ごま油としょう油をひと回しかけ、黒すりごま、おろししょうが、パセリを大根の上にのせる。

4. 炊きたてのごはんと一緒に召し上がれ。

Le dessous de plat en patchwork

［パッチワークの鍋敷き］

古い布地に目がない私の家には、アンティークリネンのシーツの膨大なコレクションがあって、それを使ってクッションカバーやワンピース、パンツを手作りする。古い麻布のはぎれをパッチワークにしてコースターや鍋敷きを作るときは、グラスの水滴や鍋の熱でテーブルが傷まないように、布のあいだに天然の羊毛を挟むようにしている。

私が今まで作ったものから出た色や形の違う麻のはぎれを、こうして再び使うことに大きな喜びを感じる。

材料（作りやすい量）

- 麻布のはぎれ（外布用）
- 内布用の生地
- ミシン（辛抱強い人は針と糸で）
- 天然ウールのキルト芯

作り方

1. 作りたいものに応じたサイズではぎれを縫い合わせる（外布）。

2. 内布用の生地とキルト芯を、外布のサイズに合わせてカットする。

3. キルト芯、内布（表向き）、外布（裏向き）の順番に重ね、内布と外布が中表になるよう合わせる。

4. 返し口の6cmを残してずれないように縫い合わせ、ひっくり返す。

5. 返し口を手縫いで閉じ、芯がずれないように数カ所を縫い留める。

La dame qui vit dans ma rue ［同じ通りに住むマダム］

ときたま、同じ通りに住むこのおばあさんにばったり出くわすことがある。夏でも冬でも、ちょっと買い物に行くだけなのに、彼女はいつだってシックだ。前を歩いていたらあえて追い越さず、その着こなしをこっそりと愛でる。

服装はとてもクラシックで、色の組み合わせのセンスにほれぼれする。凍える寒さの1月でも、スカートにストッキングをはいているのだけど、スカートもウールのコートもとびきり上等で、きっと暖かいに違いない。

ベレー帽は防寒に加え、華やかなアクセントにもなっている。大きな襟からのぞくシルクのスカーフも、赤のトーンで合わせている。

Les perce-neige

［スノードロップ］

この愛らしい花は、その名のとおり、まだ雪の
残る冷たい地面に咲く。うす緑の模様の入っ
た白い鈴が、春が近いことを知らせてくれる。

2月
Février

冬の長さにうんざりし始める2月。

まだまだしっかり着込まないといけないし、ちょっとした外出も探検に出発するような気分。手袋、ニット帽、コート、分厚い靴下……どれかひとつでも忘れたら大変だ！

エネルギーが足りないせいか、日数が短い月なのに、永遠に終わらないような気さえするときもある。

それでもときどき、日差しの暖かい日が2月にもあって、「もうちょっと待てば、春は来るよ……」と私に教えてくれる。

冬は毎年、一年前より長く感じる。ほかの季節はあっという間に過ぎるのに。でも、そんな待ち遠しさのおかげで、春の訪れをより素晴らしく感じるのも確かだ。

フランスではお年寄りの年齢を「あの人は今年90の春を迎える」というふうに数えるのだけど、その理由もわかる気がする。

生命が再生し、さまざまな色や匂いが再び湧き起こる春は、一年のうちでいちばん大切な時期であり、とりわけ人生の終わりに差しかかった人にとっては、その魔法のような瞬間を生きることに、ことさら大きな意味があるのだから。

それは日本の人々が、毎年桜の開花を待ち望み、飽きることなく、まるで初めて見るかのように愛でるのに似ている。

だから私は、長い長い冬さえもありがたく感じる。その終わりには、毎年変わることのない感動が待っているから。

Les magnolias ［マグノリア］

マグノリアは花の咲く木の中でも最も美しいもののひとつで、2 月
から咲き始める種類もある。

桜と同じように、葉が茂り始めるのは花が枯れ落ちてからなので、
花そのものをしっかりと鑑賞できる。暗い色の枝に映えるその花
は、木が古ければ古いほどより大きくなり、美しさも増す。

いつも冬の終わりになると、つぼみのふくらみ具合を見守るため、
「マグノリアの散歩コース」を毎日歩く。

公園の大きなマグノリアは、お隣の教会のファサードの前に飛び出
すようにそびえている。それから比較的最近植えられたマグノリア
の子どもたちの成長を確認したら、最後は市役所前広場へ。白い
マグノリアが美しく並んで咲き、気持ちのよい空間になっている。

Tenue de février ［2月のワードローブ］

私がよく単色の服を身につけるのは、選びやすくて楽だからという
だけでなく、そのほうが美しいと思うから。

好きなスタイルはどちらかというとクラシックなほうだと思う。黒、
白、ベージュやグレーの服が多いけれど、ブルー、とりわけナイトブ
ルーも大のお気に入り。

いろいろな素材のさまざまな濃いブルーを組み合わせるのが好き
で、上の写真のような着こなしは私の制服と言ってもいい。

メリノウールの薄手ニット、コットンリネンのパンツ、日本で見つけ
た藍染のストール、そして革靴……。こんなクラシカルな装いはど
んなシチュエーションにもぴったりくる。

Chez mes parents ［両親の家］

私が真冬をいちばん満喫するのは、田舎にいるとき。

だから、2月の何日間かは、両親の家に「避難」することが多い。

草の上に降りた霜、新芽、日が昇るときの特別な空の色、そんな自然の様子を観察していると、心が喜びと満足感でいっぱいになる。そして同時に、私の創作活動にとっても、すごくいい刺激になる。田舎の静けさの中で繰り広げられる自然のスペクタクルを見られなかったら、生きてはいけないと思う。

ここで、私にとって不可欠な静寂を途切れさせるものは、鳥のさえずりや、たまに遠くから聞こえてくる牛やロバの鳴き声くらいしかない。

私が育ったふるさと、この田舎の風景、この空、この木々、この古い石造りの家々、この菜園たち、そして家族も見守ってくれるこの場所こそが、私の最も大切な隠れ家だ。

Les produits artisanaux ［職人さん手作りの品］

両親の家の周りには、とても腕のいい職人さんたちがたくさんいる。そういう意味でも、田舎は宝箱のようだ。貴重な知識や技能を持つ人々が、慎ましく質素に暮らし、働いている。だから実家にいるあいだに、そんな職人さんたちが生み出す日用品を買うのは、ただ必要なものを買うためだけではなく、純粋な楽しみでもある。

咳や鼻水、肌や髪の乾燥など、冬に起こりやすい体の不調には、ファニーとニコラが自ら栽培する植物を使って作る、お気に入りのハーブオイル、フラワーウォーター、ハーブティー、エッセンシャルオイル、はちみつを買いに行く。マルシェには、アンゴラヤギの飼育者さんが、農場のヤギのモヘアで作ったセーターやニット帽、ミトン、靴下、ストールを売っている。こんなふうに、田舎でも上等なものは見つかるから、そのためにわざわざ大都会に住む必要なんてない。しかも、地産地消ができるのは本当に幸運なことだ。

Pots et vases en grès vernissé ［ストーンウェアのポットと花びん］

いろいろな形や用途のものがあるから、アンティークのポットや水差しは「役立つコレクション」と言える。収集欲を満足させつつも、家中のオブジェを整理したり片付けたりするのに使えるから。

キッチンでは、カトラリーや調理器具をカテゴリーや素材、サイズ別に分けて収納するのにアンティークのジャムやオイルのポットがちょうどいい。

バスルームでは、もう少し小さめのポットに爪切りはさみや毛抜き、口紅を入れている。仕事場では絵筆やペンの収納に使う。そしてもちろん、こういう器は大小さまざまな花束にもぴったり。

時を経て変化した器の色合いを眺めたり、これまでどんなことに使われてきたのか、持ち主はどんな人だったのかと思いを馳せたりするのが好き。人は移ろいゆき、オブジェは残る。何度も新しい人生を生きられるなんてうらやましいな。

Les crêpes

［クレープ］

２月２日のシャンドラー（キリスト教の祭日）に、
フランスでは、クレープを食べてお祝いする伝統がある。
今では宗教的な意味合いはほとんどなくなったけれど、
この日にクレープを食べ忘れる人はいない。
私も、塩味にしたり甘くしたりして、クレープをよく作って食べる。

材料（約6枚分）

小麦粉（米粉、そば粉でも代用可）… 90g

卵 … 1個

植物性ミルク（アーモンドミルク、ライスミルク、または豆乳）
　　… 200cc

塩 … ひとつまみ

オリーブオイル … 大さじ1

作り方

1. ボウルに粉を入れて中央をくぼませ、ミルクの半量を注いだら、ヘラで混ぜて溶かす。

2. 混ぜながら1に溶きほぐした卵を加える。

3. オリーブオイルと塩を加えたら、残りのミルクを入れる。

4. よく混ぜたら、できあがった生地を1時間弱寝かせる（寝かせなくてもOK）。

5. 油をひいたフライパンがしっかり熱くなったら、お玉1杯分の生地を広げる。

6. 1分経ったらひっくり返して裏側も焼く。

ジャムやあんこ、はちみつと一緒に召し上がれ。写真のように、炒めた玉ねぎとサーディン、グリュイエールチーズ、パセリをはさんで塩味クレープにしてもおいしい。

La tisane thym-menthe

[タイムとミントのハーブティー]

消化不良やのどの痛み、体の冷えにも
効くタイムとミントのお茶は、一日中い
つでも飲める万能の飲み物。
ほかのハーブティーと同じように、淹れ
方はいたってシンプル。
自分でハーブをブレンドするのはおもし
ろいし、そのときの気分や体調によって
量を調節できるのがいい。それぞれの
ハーブの特性に興味が湧き、薬の代わ
りになるたくさんのものが身近なところ
にあると気づかされる。

材料

● ドライミント … 適量
● ドライタイム … 適量
● 熱湯 … 適量

作り方

1. ティーポットに粗く刻んだドライタイム
   とドライミントを軽くひとつかみほど
   入れる。

2. 熱湯を入れて2〜3分抽出させる。

3. 一日中いつでも、温かいうちにいた
   だく。

のどが痛いときは、小さじ1杯のはちみ
つとすりおろししょうがを少し加えるの
もおすすめ。

Yama ［ヤ マ］

両親に会いに行くのがうれしいのはもちろんだけど、実家の愛犬
ヤマの顔を見られるのも、ものすごくうれしい。

10年前に家族の仲間入りをしたヤマは、そこにいるだけで喜びと
励ましをもたらしてくれる。

私は小さいころから動物、とりわけ犬のそばにいるのが好き。犬
は人間の最良の友、と言われるが、本当にそのとおりだと思う。

彼らは遊びに、散歩に、トレーニングに、私たち人間とのさまざま
な交流に、驚くほど熱心だ。犬とは喜びも苦しみも分かち合える
し、私たちのことをすべて理解してくれる。

Narcisses

［水仙］

公園や庭に、喜びが弾けるように水仙が咲く
3月。その明るい色と強烈な香りは、まさに春
のシンボル。

3 月
Mars

3月の半ばまでは、冬のあいだに机に向かって長く作業をしすぎたため運動不足で、体がなまっているのを実感する（関節の痛み、だるさなど）。フランス語で言うところの「やる気が靴下の中」、つまり気力が下がり、けっこうきつい時期だ。正式に春に移行する、春分の日（20日か21日）のころにようやくエネルギーが満ちてきて、春を余すところなく味わう準備が整う。

新芽や若葉、花がにわかに顔を出す、そんな自然界の現象を目の当たりにすると、私たちもまたスタートラインに立って、新しいことを始めたくなるような気がする。

春はまさに命が再生するときで、初めて見る手品のように毎年新鮮な喜びがある。

春の初めになると、鳥の鳴き声が本当にとても大きくなるのがいい例で、いたるところに熱狂と喜びが感じられる。

散歩に出かけたり、カフェテラスに座ったり、模様替えをしたくなったり、分厚い冬のコートをクローゼットにしまって、より身軽で明るい色の春物を出したくなったりする。

それはまるで、夜が明けるときのよう。ぐっすり眠って休めた体は、朝起きてすぐはだらだらするけれど、朝の光に包まれて、だんだん元気になり、やる気が出てくる。

Délicates violettes ［やさしいスミレ］

昔から、庭や道端でスミレの花が咲き始めると、心を動かされる。
小さいころ、スミレが大好きな母に小さなブーケを作ってあげるの
がいつもうれしくて、誇らしかった。

今でも、母と家の近所を散歩していてスミレを見つけたら、いくつ
か摘んではそのかぐわしい香りにふたりでうっとりする。

白、うす紫、濃い紫、色が混ざっているもの……。どの色のスミレ
も美しくて繊細で、ミニグラスや陶製のポットに生けるととても素敵。
また、似たような種類のパンジーと同じく、押し花にしても映える。

スミレはささやかな喜びを象徴するもので、日常の何気ないことに
幸せは隠れていて、自分の周りを見渡してみれば、うれしいことや
楽しいことはすぐそこにあるのだと教えてくれる。

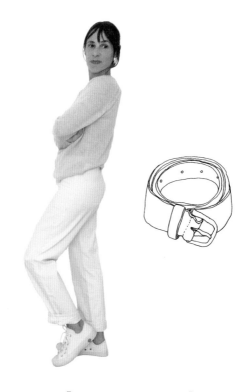

Tenue de mars ［3月のワードローブ］

3月になると、着る枚数を少し減らし始める。でも、まだ寒の戻り
や、冷たいにわか雨には気をつけながら。

一日のあいだですら天気がころころ変わることがあるこの時期は、
外出時の服装を決めるのが難しい。朝は晴れていたのに、午後
はほとんど雪みたいな雨が降ることもあれば、その逆だってある。
だから、いつでも出かける直前にレインブーツやレインコートを手
に取れるように用意しておかなければならない。

そして、フード付きのレインコートやゴムブーツとはミスマッチな、
華奢でシックな服は避けて、何にでも合うシンプルな装いを選ん
だほうがいい。

というわけで、3月は、オフホワイトや黒、紺など色合いを変えつ
つも、セーターとジーンズを制服のように着る日がほとんどだ。

La Sicile ［シチリア島］

家にこもって仕事をしていた冬が終わり、3月になると、視覚的に栄養がほしくなる。芸術、建築、植物……。

ヨーロッパの旅といえば、いつも思い浮かぶのは、イタリア。この国のことをちらっと耳にするだけでも、ほほえんでしまう。

3月はまだ、旅するには少し肌寒いけれど、そのおかげで、大勢の観光客に囲まれることなく、落ち着いて町を訪れることができる。

都市の個性をなくすジェントリフィケーション※の波がまだ来ていないシチリア島は、私にインスピレーションをくれる特別な場所だ。

人々は一日の大半を外で過ごし、大声で会話する。市場に並ぶ魚や野菜はあふれんばかりで、花や果物を載せた小さなトラックが家々に配達してくれる。ほとんど廃墟のような宮殿や教会も、息をのむような美しさ。

感動で胸をいっぱいにして、シチリアから戻ってくる。

※都市の富裕化現象

Les délices de Sicile ［シチリア島のおいしいもの］

イタリアは素晴らしいものだらけだけど、いちばんはやはりお皿の
中だと思う。熱々のアランチーニ※1や、とびきりのトマトソースをか
けたポルペッテ※2、地元の魚を、エトナ火山周辺の肥沃な土地の
ぶどうで作ったワインと味わうのは、この上ない幸せ。

友人ふたりと数日過ごしたカターニアでのお気に入りはSaviaとい
うお菓子屋さん。おやつだけでなく朝ごはんも昼ごはんも、毎日
通った。家族のために、この店でクッキーを買い込んで、壊さない
よう大事に持ち帰った。アーモンド風味のグラニータは、持ち帰れ
ないのが残念。オレンジフラワー風味のブリオッシュを添えたこの
氷菓は本当においしい。

ピスタチオ、ペスト※3、パスタ、トマトソース、グリッシーニ、アマレッ
ティ、ワイン、パルメザン、オリーブオイル……。帰りのスーツケー
スはおいしいものでいっぱい。

※1：ライスコロッケ　※2：肉団子
※3：バジルや松の実、オリーブオイルで作るソース

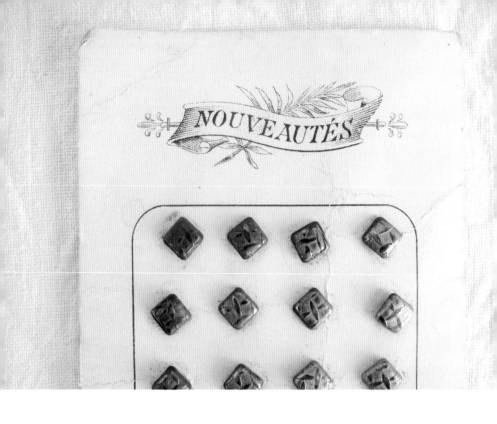

La mercerie ［手芸］

裁縫の仕事をしていた私の祖母は、引き出しや裁縫箱に、ありと
あらゆる布地や道具（ボタン、リボン、レース、ピンなど）をしまっ
ていた。だから私も、かなり小さいころから縫い物の素晴らしい
世界に引き込まれた。

祖母からジュエリーは受け継がなかったけれど、代わりに裁縫箱
や道具を遺してくれた。最高の遺産だと思う。

アンティークの手芸もコレクションしているけれど、台紙や包装の
タイポグラフィやデザインが素敵すぎて、ボタンやレースを外して
使えずにいる。今、同じように美しいものを見つけるのがこんな
に難しいのはなぜだろう？

綿糸やリネン糸、貝ボタン、ヘンプやコットンリネンのアンティー
クの生地……。アンティークを手にしたことで、上質な道具を使
うと縫い物の楽しみが10倍になることがわかった。

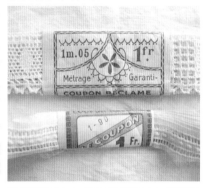

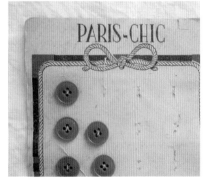

Le fondant au chocolat

［ フォンダン・オ・ショコラ ］

子どものときの誕生日ケーキや、クリスマスのデザートのことを
思い出させてくれる、私がいちばん好きなケーキのひとつ。
簡単なので、しょっちゅう作る。

材料（直径24cmのタルト型1台分）

製菓用ブラックチョコレート（なるべく上質なもの）… 200g

砂糖 … 50g

常温に戻したバター … 90g

米粉 … 60g

卵 … 3個

作り方

1．ボウルにバターと砂糖を入れてよく混ぜる。

2．解きほぐした卵と米粉を少しずつ交互に入れながら混ぜる。

3．チョコレートを溶かす。

4．溶けたチョコレートを2に加えて混ぜる。

5．薄くバター（分量外）を塗り米粉（分量外）をふった型に4を流し込み、180℃に予熱しておいたオーブンで20分焼く。

粗熱がとれたら粉砂糖をふり、小さめに切って召し上がれ。

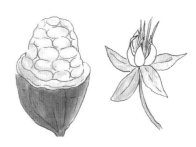

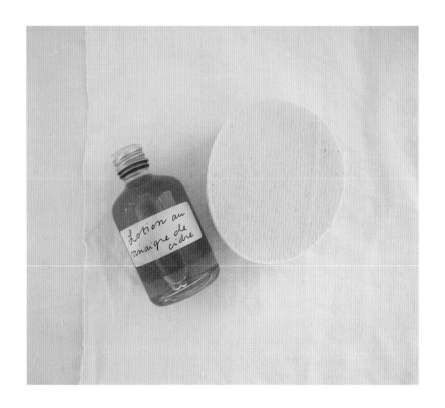

Lotion anti-taches cutanées
［シミをケアするローション］

これまでの人生で太陽をたっぷり浴びてきて、このところ顔や手にシミができ始めたことに気づいた。

これって、やはり、いわゆる老化（！）というものだろうか。

実際、フランス語ではただの「シミ」ではなく、枕詞をつけて「老人のシミ」と呼ぶのが一般的。不健康の印ではないけれど、毎日シミを見るのは少し気分が悪いのは確かだ。

メイクで隠そうとするよりも、ごくシンプルなレシピの、肌にやさしい、手作りのリンゴ酢ローションで自然に薄くするほうが手軽でいい。

材料

- 非加熱のリンゴ酢 … 適量
- 水 … 適量
- ガラスびん
- コットン
- 忍耐力

作り方

1. リンゴ酢と水を同量ずつ小さなびんに入れる。

2. 夜寝る前、1をコットンにとり、シミの上にのせ、乾くまで待つ。時間があれば15分はそのままにする。

   シミが薄くなるまで毎晩繰り返す。

La dame élégante ［エレガントなマダム］

シチリアの小道を散歩していると、まるで劇場にいるような気分に
なる。

イタリアの人々はとびきり趣味がよく、シックな着こなしをしている
のだけれど、お年寄りはさらにその上を行くおしゃれさ。

早朝に見かけたこのマダムは、マスクとパールのネックレスの白が
朱色のカシミアセーターに映えて、マスク姿からすらもセンスとエ
レガンスをにじませていた。

彼女のおかげで気分よく一日を始められた。

イタリアンエレガンスは、神話ではなく、実際に存在するものなの
だ。確固たるファッションセンスと、上質な素材選び、そして、歩
き方にさえも上品さがある。

Le lilas

［ライラック］

ライラックは香りが甘くてデリケートなので、ど
この庭にも一本は植えるべきだと思う。花も
小さくて愛らしく、葉の緑は目にやさしい。

4月
Avril

「4月は一糸たりとも脱いではいけない」

これは今もよく聞く言い伝えで、実際、4月になってもまだ朝晩は冷えるし、冬みたいな日もある。

でも、「コートやセーターを脱ぎ捨てて、ちょっと薄着をしてみたら?」と暖かな日差しに誘われたら、どう抵抗すればいいのだろう?

4月は自然の中でのんびり散歩をしたり、自転車で出かけたり、テラスでランチをしたりしたくなる月だ。

家の中での生活から、外出の多い生活へと完全に移行する。

この時期からは、理由は何でもいいからとにかく外の空気を吸ったり、出かけたり、旅に出たりしたくなる。

庭では果樹に花が咲き、風景の色合いが華やかになり、繊細な香りがする。

同時に、私にとっては花粉症が戻ってくる季節でもある。

でも、自然があまりにも雄大なスペクタクルを見せてくれるこの時期に、家にこもるなんてできない。

木々に芽が吹き、ゆっくりと葉がつき、ついに緑の衣装をまとう……。なんてすごい魔法!

森を散歩していて、メドウカルダミンや、忘れな草、イングリッシュ・ブルーベル、カウスリップ、タンポポなどの花を見つけるとうれしい。

日陰で湿った山道の、背の高い草に隠れて咲く、こういう花の生き生きした色は、まさに美と生命力の輝き。

この季節は、森、小道、庭などテーマ別の押し花ノートを作るのにぴったりでもある。

Bouquet de printemps ［春のブーケ］

庭では、冬の花と春の花が一緒に咲いていて、ふたつの季節の
花をミックスしたブーケを作るとおもしろい。

ヘレボルス、チューリップ、アネモネ、ムスカリやヒヤシンスを集める
と、春のかわいいメロディのように、ほがらかなブーケになる。

花が枯れる前に花びんから出し、紐で束ねて逆さまに吊るし、自
然乾燥させてドライフラワーを作る。そうすれば、このブーケを一
年中楽しめる。私は、花びらや葉の色が、乾燥するにつれてどん
なふうに変わっていくのかを観察するのが好き。乾くことで、より
色が濃くなる花もある。植物の世界はいつも、驚きを秘めている。
自然の美を観察することは、お医者さんが推奨すべきほどの効能
があると思う。

自然を観察し、その美しさが私たちにもたらす感動は、きっと、う
つの薬と同じぐらい効き目があるに違いない。

Tenue d'avril ［4月のワードローブ］

ついにセーターをクローゼットにしまったままにできるときが来た。
シャツとジーンズで気楽に出かけられるのがとてもうれしい。
いつもどおり、いちばん好きな色である青の単色コーデを選ぶ。
色落ちしたジーンズなら、シャツはより薄めの色か、ストライプ。
冷えないように、シャツの下には薄手のタンクトップを着ることが
多い。ボタンを留めて着たとき透けて見えないように、そしてボタ
ンを開けてちらっと見えてもバランスがいいように、シャツと同系
色のタンクトップにする。シャツとジーンズの組み合わせ
はシンプルだけど、ローファーやダービーシューズを合
わせれば仕事の打ち合わせやディナーにもふさわし
い服装になる。この定番のスタイルには、よりカジュ
アルに、キャンバススニーカーを合わせるのも悪くない
し、雨の日に羽織るトレンチコートにもぴったりくる。

Bordeaux ［ボルドー］

ボルドーは私の住むアングレームからTGVでたったの35分の距離で、日帰りで行くのが好きな場所。この美しい街は、南フランスの入口だ。建ち並ぶ建物はパリにそっくりでも、スペインやイタリアの空気が感じられる。素敵なブティック、おいしいレストラン、美術館、公園、18世紀建築の素晴らしいファサードを眺めながら歩けるガロンヌ川沿いの散歩道……。大都市の利便性と南仏の穏やかさ、海に近いという利点を持ち合わせている。

アングレームの人々が「アングレームは小さなボルドーだ」と誇らしげに言うのを耳にするたび、それはちょっと違うかも？とついクスッとしてしまう。文化や多様性、グルメ、建築など、いろいろな面で私を満足させてくれる、魅力的な街ボルドーにまた来られたと思うと、TGVがサン・ジャン駅に近づくにつれ、ワクワクしてしまう。

Souvenirs de Bordeaux ［ボルドーのおみやげ］

ボルドーに行くと、カヌレやワイン1、2本は必ず買って帰る。
自家製カヌレに挑戦するため、銅のカヌレ型をいくつか買ってみて
もいい。私自身は、いつもボルドーでカヌレを食べたり、買って帰っ
たりするので、自分で作ってみたことはないのだけど。

日曜日にボルドーに行くのがいちばん好き。日曜日にはキャプサン
市場（地元産の旬の食材やお花のほか、食べ物をテイクアウトで
きる屋台も充実している）だけでなく、サン・ミッシェル広場に蚤の
市が立つ。陽気で庶民的な雰囲気の中、アンティークのオブジェ
や古本、家具の掘り出し物が見つかる。

広場にはたくさんのレストランが並んでいて、市場の活気を感じな
がらランチしたあとは、腹ごなしに川沿いを散歩したり、老舗書店
Mollatでお買い物をしたりする。

Mes herbiers ［私 の 植 物 標 本］

花への愛が大きすぎて、花の美しさを最大限に楽しむためあらゆ
る方法を使う。

自然の中で咲く花を観察したり、絵に描いたり、写真を撮ったり、
ブーケを作ってドライフラワーにしたり、新聞紙にはさんでプレスに
かけて押し花にしたりする。

中でも好きなのが、自分で摘んできた花で押し花シートを作ること。
昔の植物標本のような趣を出すため、周りが黄色く変色しているよ
うなアンティークの紙を蚤の市で見つけてきて使う。あとは思いつ
くままに、花をバランスよく並べたら、貼り付ける。

古い新聞から切り抜いた言葉を加えると、ポエティックだったり、
シュールな感じが出たりしておもしろい。

Les pancakes

［パンケーキ］

毎日でも作りたくなる簡単なレシピ。
メープルシロップやコンフィチュール（ジャム）を添えれば
朝ごはんに最高だし、パンのように食事に添えてもいい。

材料（作りやすい量）

玄米粉 … 90g

卵 … 1個

羊乳または牛乳のヨーグルト … 125g

食用重曹 … たっぷりひとつまみ

シナモンパウダー … たっぷりひとつまみ（お好みで）

オリーブオイル … 適量

作り方

1. 大きなボウルに卵とヨーグルトを入れて泡立て器で混ぜる。

2. 玄米粉、重曹、お好みでシナモンパウダーを加える。

3. オリーブオイルをさっとひとかけする。

4. よく混ぜる。

5. フライパンにオリーブオイルを入れて熱する。

6. 生地の1/6の量を熱くなったフライパンに流し込む。

7. こんがり焼き色がつくまで両面を焼く。

レモン汁をたらしたはちみつやコンフィチュール、バターなどお好きなものを添えて召し上がれ。

Les fleurs pressées
［押し花］

自分用にも、贈り物にも、野原や庭で見つけた花や葉を使って標本を作るのが好き。出来栄えをよくするには、新鮮で濡れていない花をなるべく早くプレスにかけるのが大事。プレスがなければ、花びらや葉を丁寧に広げて本や新聞のあいだにはさみ、その上に何冊も本を重ねたり、重い箱を載せたりして作れる。一週間もすれば、押し花は貼り付けられる状態になっている。

材料（作りやすい量）

- 新鮮な花または葉
- 本または新聞
- のり、マスキングテープ
- はさみ

作り方

1. プレスして乾かした花を、カードやノートなど好きな台紙に、バランスを考えながら並べる。

2. 花びらの裏にのりを少し塗り、台紙に貼る。

3. 茎は細く切ったマスキングテープで固定する。

4. 花の名前、摘んだ日付や場所、メッセージなどを好みで書き加える。

Le marchand de fleurs ［花屋さんのムッシュー］

ボルドーのキャプサン市場に、野原で摘んだ草花のとなりに新じゃ
がいもと手作りりんごジュースが一緒に並ぶお店がある。ベレー帽
をかぶり、薄手のタートルネックとコーデュロイのズボンを着たその
店主のおじさんは、私にとってまさに「フランスのムッシュー」その
ものだ。

自分の仕事に情熱を持って真面目に働き、町の中でも一目置かれ
ていた、かつての商売人の姿を彷彿とさせる。

このムッシューは、気取ることなく、いつも上機嫌で、自分の畑でと
れたものを売っている。

Le Muguet de mai

［5月のスズラン］

スズランの花言葉は「幸せの再来」。メーデー
（フランスの祝日）に贈り合う習慣があり、受
け取った人に幸福をもたらすと言われている。

5 月
Mai

「5月は好きなようにすればよい」※
これは、フランス人の多くが気に入って使う言い伝え。
フランスの5月には、立て続けに祝日がある。5月1日はメーデー、
5月8日は第二次世界大戦終戦記念日、そして、復活祭の40日
後に祝うキリスト昇天祭と復活祭の50日後に祝う聖霊降臨祭は、
どちらもキリスト教にまつわる祝日。
休暇をとるのが好きなフランス人は、この月、祝日と週末を組み
合せて小旅行に出ることが多い。夏の長いバカンスにむけた予
行演習のようなものだ。
庭園にさまざまな種類の花が咲き、散歩するのにとても気持ちが
いい時期でもある。
ある年の5月、ジヴェルニーにあるクロード・モネの庭を訪れたこ
とを思い出す。色合いが信じられないほど美しくて、そこはまるで
地上の楽園だった。
こうして私は毎年、花が咲き誇るこの季節に、素晴らしい庭園を
見に出かけ、はかなくも美しい花々の姿を目に焼きつける。
ちょうど、園芸市シーズンでもあるから、庭に欠かせないバラやあ
じさいの新品種を入手するチャンス。今のところ、私が買うのは
両親の庭のための花や木だけど、いつかは自分自身の庭のため
に草や花や木を選ぶ日もくるのかな……。それが私の夢。
自分の畑で種をまき、苗を植え、収穫し、そこに見えるものすべて
を絵に描き、庭で起きたことを日記に書く。そんな自分の姿を想
像するのを楽しんでいる。

※実際は「4月は一糸たりとも脱いではいけない」の後に続けて使う。

Incroyables pavots ［驚くべきケシの花］

フランスでは、大都市に住んでいない限り、花屋さんでケシの花を
見つけるのはなかなか難しい。

だから、自分の庭を持つまではと、ここ数年は苗や種を父に渡し
て、両親の庭で育ててもらうようにしている。花が開く前のつぼみ
の状態のものを何本か切り取り、自宅に戻ってから水につける。

それから毎日、開き具合を確かめる。忍耐強く観察すれば、つぼ
みがだんだん開いて、花びらが広がっていく様子を見ることがで
きる。

まさに生命の誕生に立ち会う瞬間だ。

しかも、花の色が赤か、白か、オレンジか、黄色か、ピンクなのか
事前にはわからないので、サプライズ効果が大きい。大好きなこ
の花には、魔法のような力があると信じている。

Tenue de mai ［5月のワードローブ］

暑さを感じる日がちらほら出てきて、週末旅行に行く機会も増える
5月は、何よりもまず快適さを重視して着る服を選ぶ。
自転車や地下鉄、バスに乗るときにはスカートやワンピースよりも
便利な、ゆったりしたパンツがお気に入り。
トートバッグを持ち、スニーカーをはいたら、冒険のはじまり！
この薄手のリネンパンツは、日本のソーイング本にあった型紙を
使って自分で作ったもの。ハイウエストではき心地がよく、ワイドな
ので風通しもよくて、しかも生地が薄くて軽いので乾くのも速い。
週末旅行は身軽に行きたいので、必要なときにささっと洗えてすぐ
に乾く服なら、ワンセット持っていくだけで済むから便利。

Lisbonne ［リスボン］

リスボンを旅した友人みんなが感激して帰ってくるので、ついに私も行ってみることにした。着くやいなや、この起伏の多い町（心拍数が上がるのは不可避）の光と建築に魅了されてしまった。

スイーツがおいしいカフェ、木陰の広場でベンチに座っておしゃべりしたり、小さなテーブルを囲んでカードゲームに興じたりするお年寄り、昔ながらの商店、窓際の洗濯物、トラムやケーブルカー（丸一日歩いた日にはとても助かる）、鮮やかなピンクのブーゲンビリア……。そして忘れてはならないのが、幾何学模様の装飾タイル、アズレージョ。建物の壁や内装にも使われ、街中で目を楽しませてくれる。

リスボンを旅すると、体がカラフルな色で満たされる感覚になる。そして、人々のやさしさと、まるで田舎の小さな村に住んでいるかのような暮らしぶりに、心が安らぐ。

Les saveurs de Lisbonne ［リスボンの味］

リスボンといえば有名なパステイス・デ・ナタ（とてもおいしいけれど、カロリーは高め）が思い浮かぶけれど、ほかにも、同じくらいおいしい名物スイーツがたくさんある。グルテンを摂取しすぎると消化できなくなる私は、紙の帯でエレガントに包まれたボロ・デ・アローシュ（ライスケーキ）のようなグルテンフリーのお菓子を見つけるとうれしくなる。

リスボンのおみやげもバラエティに富んでいる。サンタ・クララ市場（蚤の市）では、アズレージョや昔の学校のノート、オブジェや古着が見つかる。私のスーツケースは魚の缶詰（アジ、イワシ、ツナ……）でいっぱいになった。そしてレストランでは、じゃがいもやその他の野菜を添えた新鮮な魚料理を堪能した。

次にポルトガルを訪れるときは、田舎の村々をめぐり、かごやじゅうたん、陶芸の職人さんたちに会いに行きたい。

Les compotiers et assiettes à gâteaux ［果物皿とケーキ皿］

ケーキやクッキーを美しく並べたアンティークのケーキ皿や果物皿
が、ところ狭しと置かれたサロン・ド・テのカウンターほど、ワクワク
するものはない。そんな、時を超えた魅力を放つ光景を目にする
と、おばあちゃんの家でのクリスマスの食事を思い出す。素敵なア
ンティーク皿にのせたタルトやサブレは、いつも大きな木棚の上に
並べられていて、それを見るたびに、私の目は輝いたものだ。

美しい形と色をした果物や野菜を、それに見合った美しさの食器
に並べるのが好き。果物皿は、木のテーブルや食器棚にただ置く
だけでさまになる、存在感のあるオブジェ。花や鳥、果物などさま
ざまな模様入りのお皿は、年月を経ても変わらず美しい。

誕生日や復活祭、クリスマスなどの特別な機会に、果物やデザート
をこういう素晴らしいお皿に盛るのが、私のこの上ない楽しみだ。

La confiture de fraises

［ いちごジャム ］

毎年5月になると、母からの電話を今か今かと待ちわびる。
「グッドニュース！ 庭のいちごが食べごろよ！」
その声を聞いたら、一目散に電車に飛び乗る。

材料（作りやすい量）

いちご … 500g

砂糖 … 300g

レモン汁 … 適量

作り方

1. いちごを洗い、ヘタを取り、四つ切りにする。

2. いちごと砂糖、レモン汁を混ぜ、4時間なじませる。

3. 15分ほど煮る。

4. 煮沸消毒したびんに詰める。

Eau de linge parfumée à la lavande
[ラベンダーのリネンウォーター]

家の中にふんわりと香りを漂わせるた
めに、リネンウォーターを手作りする。
香りがいいだけでなく、天然の防虫成
分があって、服の虫食い予防に効果
がある。

材料（作りやすい量）

- 度数70％の変性アルコール … 50ml
- ラベンダーのエッセンシャルオイル … 30滴
- ラベンダーウォーター … 25ml
- 精製水 … 25ml

作り方

1. じょうごを使い、材料のすべてを色付
   きガラス製のスプレーボトルに入れる。

2. ふたを閉めたらよくふり混ぜる。

   洋服やシーツ、カーテンなどのホームリ
   ネンにスプレーして使う。湿気が少なく
   直射日光の当たらない場所で3カ月間
   保存できる。

Madame propre ［お掃除マダム］

建築、石畳、歴史のある美しいカフェ、そしてそれらを照らす独特な光。リスボンで感動したことはいろいろあるけれど、この街の清潔さにも驚いた。

朝早くに小道を散歩していたら、掃除用洗剤のボトルと雑巾を手にしたマダムを見かけた。

パリでは、ポルトガル系の管理人さんといえば掃除のエキスパートとして知られている。

ちょっと型にはまった見方かもしれないけれど、こんなに美しくて清潔な街の散歩を楽しめるのは、こういうマダムたちのおかげもあるんだなと納得した。

Les mystérieux iris

[ミステリアスなアイリスの花]

構造が複雑で全容を見せないアイリス。秘密
の世界へと続く、深い闇のような色の中を、
鍵穴からのぞきこんでいるような気分になる。

6月
Juin

フランスのみんなが待ちに待った、夏のはじまりを告げる月がやっと来た!

日が延びて、夕方の時間をたっぷり楽しめる6月は、カフェやレストランのテラス席も夜までたくさんの人でにぎわう。夏のバカンスの計画を立てながら、自然が恋しくなったり、生き生きとした花や深緑の葉を、真夏の本格的な暑さが訪れる前に存分に愛でることができる月でもある。

気候の変動とともに、夏は年々暑くなり、猛暑の日には、外に出て何かするだけで疲れきってしまうことがある。

だからなおさら、6月のさわやかなお天気を存分に活用して、町や田舎のよさを、いろんなかたちで満喫することが大切。

自然の中で、きれいな花や昆虫を観察しながら、じっくり時間をかけて散歩するのも好きだけど、6月の晴れた日にふらりとパリに出かけて、友達とテラスでアペロ・ディナトワール※をして、楽しく過ごすのも好き。

サン・ルイ島でアイスクリームを食べて、セーヌ河岸をぶらぶらし、ついでに古本が並ぶブキニストに立ち寄って、掘り出し物がないかチェックする。鼻先をくすぐる風を感じながら、パリの通りを歩きまわるのに理想的な月なのだ。

夏の骨董市も再開しはじめ、毎週末、そこかしこで開催されている。私のコレクションに何か新しく買い足せるチャンス、とはいえ、買い過ぎには注意しなくちゃ!

※ディナーを兼ねたアペリティフ(おつまみとともにお酒を楽しむこと)

Petit poème du jardin ［庭の小さなポエム］

両親の庭で、花粉や花の蜜を味わうミツバチとマルハナバチのワル
ツを眺めたり、茎をよじのぼる小さな虫たちを観察したりして、何
時間もぼんやりと過ごす。

彼らの姿が、私たちもこの素晴らしい生態系の一部であることを
思い出させてくれると同時に、資源を身勝手に利用し、環境をな
いがしろにしてきた人間たちが不安定にしたシステムのバランスを、
できる限り維持しなくてはならないのだと思い知らされる。

庭で枯れかけている花、地面に落ちた花びら、芝刈り機で刈り取
られた野生の小さな植物を拾い集めるのが好き。

命の終わりを迎えようとしている小さな草花たちの、もろく、壊れや
すい美しさに、最後の敬意を捧げる気持ちで、おままごとの小さな
お皿に集めて入れる。子どもじみた遊びだけど、自然と交われるこ
の瞬間は、日常の悩みをすべて忘れられる。

Tenue de juin ［6月のワードローブ］

着ていてラクで快適な服を選ぶことが、いい一日を過ごすために
必要不可欠なポイント。

日本では、自分の体型と好みに合った服を見つけられるのに、フ
ランスでは納得いくものを見つけるのが、なかなか難しい。形がよ
くても、生地が気に入らなかったり、その逆のパターンもあったり
する。

幸いなことに、フランス語に翻訳された日本のソーイング本が、こ
ちらでたくさん出版されているので、私が心地よく着られる服を
自分で縫うことができる。写真のパンツは、日本の生地ブランド
「CHECK&STRIPE」の布と型紙を使って手作りしたもの。

ストライプの布は、私にとって夏のシンボル。海辺のキャビンやパ
ラソル、船の中で見かけるランドリーバッグを思い起こさせる。

Quelques jours à Paris ［パリで過ごす数日間］

もう住んではいないけど、初めて仕事をして、大人としての人生を
歩みはじめたパリは、今でも私の心のふるさとのような場所。
だから、ほんの数日でも過ごせるときは、大喜びで戻っていく。
TGVに1時間半乗ったら、ほらもう、「私の街」に到着！
パリの好きなところは、見るべきものがたくさんあるところ。
建築、年季の入った店構えの商店、どんどん増える緑のあるエリ
ア……。そしてもちろん、パリジャンたち！
小さな町からパリに来て多様な文化に触れると、さ
まざまな国の人たちが同居する、パリという大家族
の一員になれたようで、喜びで胸がいっぱいになる。
友人と会ったり、お気に入りの美術館やカフェ、食
材店、マルシェ、手芸屋さんを訪ねたり、新しいレス
トランやパン屋さんを試したりするのが好き。

Joies parisiennes ［パリ的愉しみ］

美しい建築、にぎやかな街の雰囲気、たくさん立ち並ぶマルシェ
や食材店、パン屋、カフェ……。この街を魅力的にしているいろい
ろな物事を見て感動すること。それが、パリを散策する醍醐味だ
と思う。街をぶらぶらしながら、知らない界隈に足を踏み入れた
り、建物のファサードを観察したり、昔のお店の看板や壁画を見
つけたりするのが好きだ。それはまるで、時間旅行のよう。

行きつけの食材店やお気に入りのパティスリーでおいしいものを買
うのも、私のお決まりのコース。友達がすすめる新しいカフェやレ
ストランへも必ず足を運んでチェックする。

日本が恋しくなっても、パリに行けば、和食
を食べたり（おいしい店がたくさんある）、
日常に欠かせない日本の食材や本、雑貨
を買ったりできる。

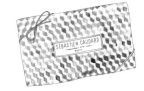

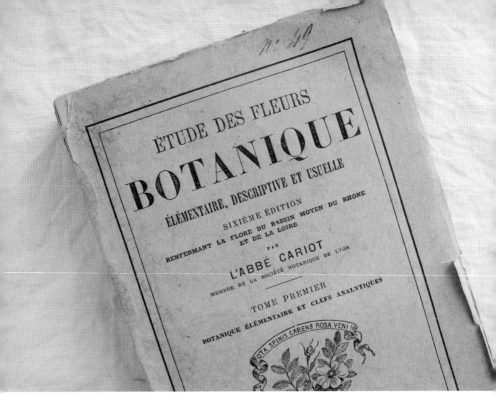

Les livres anciens de botanique ［アンティークの植物図鑑］

花と本が好きな私は、ごく自然に昔の植物図鑑に惹かれ、かれこ
れ何年も前からコレクションしている。何時間も読みふけり、この
上なく美しいイラストや版画に感嘆のため息をつく。

レイアウト、タイポグラフィ、紙、複製技術、すべてが素晴らしく、
どれをとっても見事なクオリティ。1950年代の学校の教室に貼っ
てあった大きな学習ポスターのように、図解のデッサンが学術的
であると同時に美しく、植物や花のさまざまな形や色、その生殖機
能と生長システムに私はすっかり魅了されてしまう。

ときに複雑で退屈な日常生活において、植物図鑑やデッサン画の
世界に没頭することが、薬のような働きをするのではないかと思う。
そして、実際に自分で種を蒔いた植物が芽を出したときの感動と
驚きは、それ以上のものがある。

recette

La tarte aux fraises cuites de ma grand-mère

［おばあちゃんのいちごタルト］

いちごがたくさん出回る季節は、ホイップクリームを添えたり、
コンフィチュールにしたり、楽しみ方もいろいろ。
いちごを生地にのせてからオーブンで焼く、
おばあちゃん直伝のタルトもいいな。

材料 (直径26cmのタルト型1台分)

有塩バター … 100g

薄力粉 … 200g

水 … 100ml

いちご … 500g

きび砂糖 … 大さじ4

作り方

1. タルト生地を作る。ボウルに角切りにしたバター、薄力粉、水を加え、ボール状にまとまるまで手でこねる。

2. ふきんをかぶせ、冷蔵庫で1時間休ませる。

3. いちごを洗い、ヘタを取る。

4. いちごを半分に切り、大きいボウルに入れる。

5. きび砂糖大さじ2をふりかけ、約1時間置いておく。

6. オーブンを220℃に予熱する。打ち粉 (分量外) をした台の上で、タルト生地を型に合う大きさまでのばす。

7. タルト型に空気が入らないよう生地を敷き込み、表面にフォークで穴をあける。

8. いちごをざるに取る (いちごシロップとして使えるので、シロップは捨てずに取っておく)。

9. いちごをタルト生地の上に並べ、きび砂糖大さじ2をふりかける。

10. 220℃のオーブンで、いちごが黒くならないよう注意しながら約30分焼く。

Boisson tonique au romarin
［ローズマリーのエナジードリンク］

いろいろなアクティビティが増える6月を乗り切るためには、消化機能を丈夫にして、元気でいることが重要。

外食や外泊が続くと、どうしても消化不良になりやすく、せっかくのお出かけも台無しになってしまうから。

両親の家に行くたびに、ローズマリーを何本か摘むようにしていて、それを自宅に持ち帰って乾燥させる。いい香りがする上に虫除けにもなり、料理のアクセントとしても使える。そして、消化機能を高めるドリンクも作ることができる。

材料 （作りやすい量）

- 乾燥ローズマリー … 15g
- 熱湯 … 1ℓ
- 砂糖（お好みで）… 適量

作り方

1. ローズマリーを熱湯に15分間浸す。

2. お湯を濾して、お好みで砂糖を加える。

3. 粗熱がとれたら冷蔵庫に入れて冷やす。

   一日のあいだに数回飲む。

Les petits pépés du marché d'Aligre
［アリーグル市場のおじいちゃんたち］

パリに行くたび、長年住んでいた地区を必ず訪れ、お気に入りの
アリーグル市場に足を運ぶことにしている。

私は、このマルシェに漂う空気感が昔から大好き。

隣の商売がたきの声にかき消されまいと、負けじと大声を張り上
げて商品を売り込むお店の人たち、おもしろい古本やオブジェが
絶対に見つかる露天の骨董屋さん、野菜や果物がきれいに並べ
られた屋内市場のお店、そして、なんと言っても、この界隈に住む
かわいいおじいちゃんたちが、このマルシェに独特な魅力を与え
ている。

Clématites

［クレマチス］

品種がとても多いクレマチスは、庭に咲く花の
中でもとりわけ、近寄って観察しがいがある
独特な美しさをたたえている。

7月
Juillet

本格的な夏に突入する7月、子どもたちの学校の年度が終わり、長いバカンスが始まる。

学年が変わる前の、この2カ月の休みのおかげで、家族と旅行に行ったり、サマーキャンプに参加したり、もしくは目覚ましをかけずに家でのんびり朝寝をしたりして、子どもたちが新しい世界を見つけるチャンスになる。また、自然をじっくり観察したり、ゆっくり時間をかけてスポーツや工作を楽しんだりもできる。

子どものころの楽しかった夏休みの記憶が頭の片隅に残っているせいか、大人になっても、7、8月は仕事に身が入らず気もそぞろになる。

幸運にも自宅に庭がある人なら、夏の夜長は、友人たちとバーベキュー三昧をしたり、思う存分アペロを楽しんだりするのにぴったり。読書やガーデニング、スポーツをする時間の余裕もできる。

テレビでは、フランスの最も美しい村々や、オリジナリティのあるバカンスの行き先がひんぱんに紹介される。通常の天気予報に、水温や紫外線指数を知らせる海岸沿いの予報も加わる。

店先には水着やサマードレス、サンダル、ビーチタオルが並ぶ。いい天気が続き、海や山に行きたくならないほうがおかしいくらいだ。のんびり過ごす誘惑にあらがうのは難しい。

Sublimes grimpantes ［美しくつるを伸ばす花］

300もの品種があるクレマチスは、つる植物の中でも最も美しいもののひとつ。フェンスや金網づたいに優雅に伸びて、多彩な色と形の花で目を楽しませてくれる。

ブルーライトやグリーンパッション、マクロペタラなど、想像をかきたてるようなその名前からも、クレマチスの種類の多さと魅力が伝わってくる。

花屋さんでクレマチスを見つけるのは、パリを除いては少し難しいけれど、花やつぼみのついたものが一本だけでもあれば、インテリアがぐっと素敵になる。

小さな花びんやコップで水につけておけば、数日はもつ。その美しさにうっとりできる、貴重な時間。

この花を間近に見ていると必ず、デッサンや水彩画を描きたい衝動に駆られる。

Tenue de juillet［7月のワードローブ］

夏のお楽しみはいろいろあるけれど、この季節、いちばんうれしい
のが、洋服選びに迷わないこと。外に出るときにセーターやジャケッ
トを着込んだり、わざわざ靴下をはいたりする必要もなく、家の中
でも外でも同じ服装のままでいい。
Tシャツかタンクトップにショートパンツとサンダルが、私にとって
の夏の理想的な装い。着るものがシンプルだと心まで軽やかにな
る気がするし、洋服選びやお手入れ、片付けにかける時間も節約
できる。
四季がある国に住めてとても幸運だと思ってはいる
けれど、薄着でいられる幸せも否定できない。
ショートパンツは自分で簡単に作れるということを
最近知った。だから、お気に入りの生地を使って、
ウエストゴムのショートパンツ作りを楽しんでいる。

L'île de Ré ［イル・ド・レ］

ティーンエージャーのころから、イル・ド・レ（レ島）は大好きな場所。
中学時代の仲良しと、その子の祖父母が住むこの島の家に、バカ
ンスでよく滞在した。15、16歳のころには、両親の家から自転車
で行ったこともある。日焼け止めも塗らずに、片道130kmの距離
を丸一日こぎ続けたものだから、ひどい日焼けをしてしまった。島
での1週間、とにかく日に当たらないようにして過ごす羽目になっ
たのも、忘れられない思い出。

今でも夏になるとなるべくこの島を訪れて、家族や友人たちと過ご
すようにしている。潮風を吸い込み、海で泳ぎ、港でおいしいアイ
スクリームを食べるのは、いつだって最高な時間。この島の最大
の魅力は、青や緑に塗られた木の雨戸が白い壁に映える、小さな
一軒家たち。さらに、タチアオイの花のピンクが加われば、もう完
璧な美しさだと思う。

Souvenirs de Ré ［イル・ド・レ の おみやげ］

中世からワインと塩の島として知られ、2000ヘクタールもの天日塩田があるこの島のグルメなおみやげは、やはり海の塩にまつわるものが多く、甘いはずのキャラメルでさえも、塩の花が入っていることで有名だ。

イル・ド・レで必ず買うものと言えば、小袋入りの塩の花、びん入りのサリコルヌ（塩分豊富な土地に育つ、背が低くて肉厚な植物）やマスタード、島のワイン、そしてロバのミルクの石けん！ 家族や友達へのプレゼントとしても重宝する。

私の子ども時代には自然が手つかずで静かだったこの島も、この20年ほどで、とても有名な島となり、観光客でにぎわうようになった。イル・ド・レが、とてもおしゃれなバカンス先になったのだ。

島ではアイスクリーム屋さんが大人気。そして、ロバの背中に揺られて散歩するのが、小さい子どもたちのお決まりの楽しみ。

Les bols anciens ［アンティークのカフェオレボウル］

カフェオレボウルといえば、なみなみと注がれたホットチョコレート、
バターを塗ったタルティーヌなど、おばあちゃんの家の食卓を思い
出す。使い勝手のよさ、丸みを帯びたフォルム、手にとったときに
感じる喜び、どれをとっても、私には愛すべきオブジェで、欠かす
ことができないもの。朝のカフェオレから始まって、ソースを作った
り、パンケーキの生地を混ぜたり、ミニトマトやおつまみ、オリーブ
などを入れたりするのに毎日使う。

同じカフェオレボウルでも、いろいろな大きさがあって、それぞれに
適した使い道があるから、楽しく使えるし、ないと困る。
Digoin & Sarreguemines、Badonviller、Lunévilleなどメーカー
にかかわらず、高台つきのボウルがいちばん好き。

アンティークのボウルを使うと、子どものころのおやつの時間や、
おばあちゃんの家、そこにあった大きな食器棚のことを思い出す。

recette

Les frites maison

［自家製フライドポテト］

家にフライヤーがないので、長いあいだ、

自分でフライドポテトを揚げることがなかったのだけれど、

ある日ふと、一人分なら小さなお鍋でも

十分おいしくできちゃうことに気づいた。

材 料（1人分）

小さめの新じゃがいも … 5〜6個
オーガニックのひまわり油 … 適量
塩、こしょう、タイム … 適量

作 り 方

1. じゃがいもを洗い、皮をむいたら、縦長に細く切る。

2. 鍋にひまわり油を入れて熱する。

3. 1のじゃがいもの水気をしっかりとる（カリッとさせるためのポイント）。

4. 熱くなった2の中に静かに入れる。

5. 黄金色に揚がったら火を消し、穴じゃくしですくって、キッチンペーパーを敷いたお皿の上に広げる。

6. 塩こしょうをふり、タイムも加える。

アペリティフのおつまみとして、またはメインのつけ合わせとして召し上がれ。

Le sachet coulissant
［巾着袋］

水着や日焼け止め、着替え、化粧
品やおやつを持ち運ぶのに、巾着
袋ほど便利なものはない。

バッグの中に忍ばせれば、中身を保
護し、カテゴリーごとに分類まででき
るバッグインバッグとしても使える。

作るのも簡単なこういう袋を、私は
肌身離さず持っている。

ハギレを活用できるのもいいし、各
サイズそろえておけばいつでも何で
も収納できて便利。

材 料

- 長方形の布 … タテ25cm x ヨコ50cm
- コットンひも … 60cm
- 安全ピン
- はさみ
- 糸、ミシン（または針と根気）

作 り 方

1. 長方形の布の四辺を端処理する。

2. 縦の端3cmを裏側に折り返して縫い、
   ひもを通す部分を作る。

3. ひもを通す部分が上になるように置い
   て、中心で中表に布をたたむ。

4. ひも通し口を残して縦の辺を縫う。

5. 底の部分も縫う。

6. 表に返し、安全ピンを使ってひもを通す。

La dame au chapeau ［帽子をかぶったマダム］

アングレームの中心街に、Bruyas（ブリュィヤ）という1889年創業の歴史的な
帽子屋さんがある。ここはまさに老舗といった風情で、店内に足
を踏み入れ、創業当時のまま残された木のカウンターや棚を見れ
ば、今すぐ19世紀にタイムスリップしたくなる。

息子さんに付き添われながら、この店のショーウィンドウを時間を
かけて眺めるこのマダムをよく見かける。

いつも素敵な帽子をかぶっているから、きっとここの常連さんで、
家には素晴らしい帽子コレクションがあるに違いない。

できることならネズミに姿を変えて、マダムのたんすの中にしまわれ
ている帽子たちをのぞきに行ってみたい。

Les hortensias

［ あじさい ］

あじさいはおそらく、最も美しい花。見るたび
に幸せな気分になる。田舎の古い一軒家の
石壁を、飾るようにして咲くあじさいは格別に
きれい。

8月
Août

自分が生まれた月だからかもしれないけど、私は特に8月が好き。
ほかの人たちもみんな、自然と自分の誕生月が好きなのだろうか、
とふと思う。

パリに住んでいたころは、8月はとても奇妙な月だと感じていた。
パリジャンたちは、ほぼ全員バカンスに出かけるし、地元のパン
屋さんや食材店、レストランなど、たくさんのお店も閉まっている。
このひと月、パリはまるでゴーストタウン！

とはいえ、海や山、田舎の自然を堪能すべく、一年のうちで8月
を選んで長いお休みを取る意義は十分に理解できる。

太陽の角度が少し傾き、日差しもそこまで強くないし、7月に比べ
て日も短くなり、夜ふかしせずに翌朝早起きできる。終わりつつあ
る夏に、ノスタルジックな感情がわいてくる。

このノスタルジーの予感が、ある意味、日々をスペシャルなものに
して、特に8月の終わりは、夏にしかできないことすべてを、ひと
つ残らず楽しもうとがんばる。沈んでいく夕日を毎日眺める、熟し
きった果物を味わう、海や湖で泳ぐ、これが今年最後になるかも
……と思いながら。

そうそう、トマトがこれ以上ないというほど甘くておいしいのもこの
ころ……。つまり、フランス人にとって8月は、一年の中でもとび
きり特別な月なのだ。

Vergerettes annuelles ［ヒメジョオン］

コンクリート地面の隙間のような、なかなか生えにくいような場所
でよく見かける野生の花で、どんなところにもどんどん伸びる厄介
者として知られている。

でも私は迷わず、このかわいらしい花が草刈機（こんなにうるさい
ものが、都会に限らず田舎でも使われるようになってきたのが残
念）で刈られてしまう前に、ひと束引き抜いて持ち帰る。

花びんに挿して食卓に飾ったり、机や本棚に置いたりするだけで、
部屋をパッと明るく彩り、私を上機嫌にしてくれる。白と黄色、こ
れ以上に清々しいコンビネーションは、ほかにないんじゃない？

夏には、この2色の組み合わせがさらに美しく映える。お店のひさ
し、テーブルクロス、洋服、紙もの、白と黄色を見かけると思わず
ワクワクしてしまう。私は、白と黄色のストライプや水玉模様、チェッ
ク柄にとことん目がない。

Tenue d'août ［8月のワードローブ］

お散歩しやすいような、軽くて快適で、リラックスした服装が8月の
スタイル。

仕事にあまり追われることのないこの月は、服や小物作りに時間
を割くことができる。自分で服を縫うときは、たとえば、ギンガム
チェックのような柄の布を使って、パンツやバッグ、シュシュをおそ
ろいで作って楽しんでいる。こんなシンプルでちょっとしたことが、
日常に遊び心を与えてくれる。

普段は、地味めな服装を好む私だけど、8月は
ちょっとだけ大胆な服を選んで、子どものような
無邪気さを取り戻す。

ともすると忘れてしまいがちな子ども時代のワク
ワク感を、ふとしたときに再び感じることができる
のは貴重なことだと思う。

Saint-Jean-de-Côle ［サン・ジャン・ド・コール］

毎年夏になると、ドルドーニュ県のかわいい一軒家で、猫たちと暮らす友達のリュシーを訪ねる。彼女の家から数kmのところに、サン・ジャン・ド・コールという美しい村があり、そこへ出かけて、散歩やディナーを楽しむのが私たちのお気に入りのコース。

この村では、目に映るものすべてが魅力にあふれている。花が咲く家々のファサード、お城や教会、川にかかる古い橋、石畳の細い小道、家の前にたたずむお年寄りたち。夏の穏やかな空気に包まれながら、彼らは村を行き交う家族連れの旅行者たちを眺めて楽しんでいる。

それはまさに、私がフランスで愛するすべてのものを凝縮したような風景。日々の暮らしがどこよりも穏やかに感じられる昔ながらの村であり、ペリゴール地方の豊かな緑と美しい丘陵の風景を愛でながら暮らすことができる、理想的な場所だ。

Les charmes d'un des plus beaux villages de France

[フランスの美しい村の魅力]

ここでは、みんなが顔見知りで、おしゃべりを楽しんでいる！

お年寄りがとても多いとはいえ、より若い世代の人たちや子どもた
ちを含めたさまざまな世代が、調和しながら暮らしているからこそ、
サン・ジャン・ド・コールは生き生きとした場所になっている。

古い橋で魚釣りをする人や、家の垣根を挟んでお隣同士で話し込
んでいる人たちを見かけてほっこりする。壁や道端をにぎやかに
飾る草花が、本当によく手入れされていて感心する。

村の周りのハイキングコースをゆっくり時間をかけて歩いたり、カ
フェ La Perla で、お城と教会を眺めながらひと休みしたり、レストラ
ン Le Temps des Mets の木陰の席で夕食を楽しんだりするのが、
この村でのおすすめの過ごし方。

Collection de papiers anciens

［ アンティークペーパーのコレクション ］

骨董市で掘り出し物を探していると、思いがけず、古いノートや手帳、昔の売買証書、羽ペンで書かれた手紙を目にすることがあり、私はそのたびに感動してしまう。

かつてカリグラフィーは、文字を書く唯一の方法で、幼い子どもたちですらきちんと書くことができていたのに、今はもう趣味のひとつでしかない。線が細くなったり太くなったりする、手書き文字独特の繊細さが失われてしまったことが、残念で仕方がない。

目を見張るような美麗な手書き文字に加えて、紙そのものも、そのテクスチャーや色合いにおいて、本物の芸術作品だと思う。美しい紙たちを手に取ってじっくり眺めたり、手触りを楽しんだりするにつけ、ああ、なんで私は、19世紀に生まれてこなかったんだろう！と悔しい気持ちでいっぱいになる。

recette

Le melon au citron et au gingembre

［メロンのしょうが＆レモンマリネ］

フランスでは、たいてい8月が一年で最も暑い月になる。

猛暑に耐えられなくなったら、しっかり水分補給して、

さっぱりとしたさわやかなメニューを作って食べるのがいちばん。

材 料（作りやすい量）

メロン … 1 個

しょうが … 1 かけ

大きめのレモンのしぼり汁 … 1 個分

アカシアか栗の木のはちみつ … 大さじ 2

作 り 方

1. メロンの皮をむき、小さな角切りにしてボウルに入れる。

2. レモン汁とすりおろしたしょうがをメロンにかける。

3. はちみつを加えてよく混ぜる。

4. ボウルにラップをして冷蔵庫で 2 時間以上冷やす。

おやつや朝食、前菜として召し上がれ。

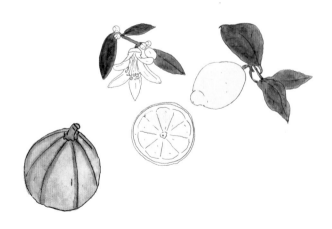

Masque hydratant pour cheveux
［保湿ヘアパック］

プールや海で泳いだり、太陽の日差し
を浴びたりして、髪がかなり乾燥する夏
は、1カ月に1回、お手製のヘアパック
でしっかりと保湿するようにしている。
髪に栄養を与えるココナッツオイルを
ベースに、保湿成分のあるはちみつと、
頭皮の緊張を和らげ、バランスを整える
リンゴ酢を加えた、ごく簡単に準備でき
るヘアパック。

材料（作りやすい量）

- ●ココナッツオイル … 大さじ2
- ●はちみつ … 大さじ1
- ●リンゴ酢 … 大さじ1

作り方

1. ボウルにココナッツオイル（固い場
   合は湯せんにかけて溶かしておく）、
   はちみつ、リンゴ酢を入れて、均一
   になるようよく混ぜる。

2. とかした髪にパックがムラなく行き渡
   るよう、特に毛先は念入りに塗り、頭
   皮を軽くマッサージする。

3. そのまま30分待つ。

4. いつものシャンプーで髪を洗い、ぬ
   るま湯で洗い流す。

Aux premières loges ［村の特等席］

サン・ジャン・ド・コールに限らず、フランスの地方の村にはよく、家の前に小さなベンチが置かれている。そこは、春から秋の中ごろにかけて、お年寄りたちが道行く人々を観察できる、お気に入りの定位置となる。

前を通り過ぎる村の住人たちに挨拶しつつ、彼らがどこかへ行って帰ってくるのを見守ったり、暖かい季節には、村をにぎやかにしてくれるバカンス客や旅行者たちが到着するのを眺めたりしている。サン・ジャン・ド・コールで見かけた、ルームシューズを履いたままのこのご夫婦は、村の目抜通りの様子を、一瞬たりとも逃すことなく見つめている。テレビなんていらない。だって、家の前でこんなにおもしろいショーが繰り広げられているんだから！

Les roses anciennes
［オールドローズ］

数あるバラの品種の中でも、オールドローズの
美しさは群を抜いていると思う。香りがよく、
花びらの枚数も多い。秋になると、立派なロー
ズヒップが実る。

9 月
Septembre

フランスの9月といえば、新入学と新学年の季節。

長かった2カ月の夏休みが終わり、多くの子どもたちが喜び勇んで学校に戻っていく。

フランス人は小さいころから夏にゆっくり休む習慣が身についているので、大人になっても夏のバカンスを大切にする。だからこそ、9月は子どもだけでなく大人にとっても、休み明けの、気持ちが切り替わるときなのだ。

子どものころ、新しい学年に向けて、ノートやペンを新調して、カルターブル※の準備をするのがとても楽しみだった。

学校の文房具が大好きで、ペンやラベル、ファイルやノートを使うたびにウキウキした。だから大事に使っていたし、宿題さえもゲームのように楽しんでやっていた（少なくとも中学のころまでは）。

今は子どものころほどワクワクしてこの時期を迎えることはないけれど、小学校のすぐ近くに住んでいるから、登下校する子どもたちの様子を間近で見られる。子どもたちの会話を耳にすると、彼らもまた学校が始まってうれしそうなのがわかる。

新学年が始まるときの喜びや、文房具を買いそろえる楽しみは、教師だった両親から受け継いだものなのかもしれない。

日本で言うところの4月にあたる、一年の中でも特別なこの時期を、ときには懐かしく思う。

そして大人になった今、9月は、私のメール受信箱に仕事のメールがいちばん多く届く月になってしまった！ それはまさに、バカンスが本当に終わったという印なのだ。

※教科書などを入れる、日本のランドセルにあたるカバン

Hortensias ［あじさい］

9月の終わりになると、あじさいの花が咲き終わる前にいくつか摘み取る。

2、3cmくらい水を入れたコップに挿しておけば、簡単に乾燥させることができ、とても美しいドライフラワーのブーケになる。

水は次第に蒸発し、花はゆっくりと乾燥していく。

この方法なら、生花からドライフラワーへと自然に変化していくブーケをただただ眺めて、堪能するだけでいい。

花びらをしおれにくくさせるには、次のようなグリセリンを使った方法もある。

1. ボウルに熱湯とグリセリンを同量ずつ入れ、泡立て器で混ぜる。

2. 溶液が冷めたら花びんに注ぎ、あじさいを挿す。

Tenue de septembre ［9月のワードローブ］

9月に入ると、日はみるみる短くなっていくけれど、日中はまだ暖かい。

同じ生地を使って異なる洋服を作り（写真はアンティークリネンを使ったもの）、合わせて着るのがお気に入り。

ゆったりしたリネンパンツとタンクトップのシンプルな組み合わせは、家で過ごすときも、自然の中を散歩するときにもちょうどいい。

ちょっと肌寒いときや、町に出かけるときは、同じ生地で縫ったチュニックドレスをプラスすれば、快適なリラックススタイルでありながらも、きちんと感も出る。9月になっても、まだなるべくサンダルをはくことにしている。足元が軽やかだと、夏が続くような気持ちになれるから。

写真で、かごバッグの持ち手とサンダルの革の色を合わせているように、靴とバッグの色をそろえるのも好き。

Saint-Jean-de-Luz ［サン・ジャン・ド・リュズ］

私のように、パリとボルドーを結ぶフランス西部の鉄道路線上に住んでいると、美しくて個性的なバスク地方への小旅行が気軽にできる。

バスクはスペインと国境を接し、海と山に囲まれた風光明媚な場所で、豊かな地域文化が育まれている。

バカンスシーズンが終わり、日常が戻ってきた9月の平日に2日ほどサン・ジャン・ド・リュズで過ごすのがお気に入り。

電車に揺られること3時間で、この素晴らしい町に到着する。そして、バスク地方独特の家（バスク語ではetxeaと呼ぶ）を眺めたり、3つの堤防で守られた、穏やかな白砂のビーチで泳いだりして、リラックスしたひとときを過ごす。

Les douceurs basques ［バスクのスイーツ］

サン・ジャン・ド・リュズを訪れて、ガトー・バスクを食べずにはいられない！ Adam のマカロン、Pariès のガトー・バスク（ブラックチェリー、アーモンドクリーム、ヘーゼルナッツクリームのいずれかをはさんだもの）、Etchebaster の kutxu（ガトー・バスクの上にアーモンドクリームをのせて焼いて、スライスアーモンドを飾ったケーキ）……。どれも絶対に味わいたい。

火曜と金曜の朝には、屋内市場の周りに素晴らしい朝市が立つ。バイヨンヌの生ハム、エスプレット唐辛子、オッソー・イラティチーズ、イルレギーワイン、ピペラード、イチジクのコンフィチュール……。うちから電車でたった数時間の場所で、こんなに異国情緒を味わえるなんて最高。美しい缶入りのマカロンやガトー・バスクを買って帰れば、みんなに喜ばれるのは間違いない。

Les boîtes anciennes ［アンティーク缶］

クッキーやキャンディ、薬のアンティーク缶たち……。フランスの家の引き出しや戸棚にはたいがい、ありとあらゆる缶が眠っている。そんなわけで、蚤の市には缶専門のお店まであるくらい。

金属製の缶は古くなると開け閉めがしづらくなるから、入れものとして使うというよりは、時を経てそれぞれに味わいを増した缶を絵画のように並べて楽しむ。

フランスでは、パリをはじめ、こういうアンティーク缶のコレクションをショーウィンドウに飾るお店がたくさんあって、愛好家たちがその前で足を止める。

数々のクッキー缶をずらりとウィンドウに並べていた、パリのパン屋さんを思い出す。でも、最後にその店の前を通ったときにはもうなくなっていてがっかりした。錆びついた金属の缶は、ほこりを取るのにも手間がかかるのだろうけど、それにしても残念！

La salade tomates-courgettes-feta

［トマト、ズッキーニ、フェタチーズのサラダ］

庭の夏野菜をもう少し楽しみたいときに作るのが、
とろける完熟トマトとグリルしたズッキーニの歯ごたえ、
そしてフェタチーズの酸味がうまくマッチするこのサラダ。

材料（1〜2人分）

ズッキーニ … 中1本
玉ねぎ … 1個
熟したトマト … 大1個
フェタチーズ … 適量
ドライオニオン … 適量
バジルの葉 … 適量
オリーブオイル … 適量

作り方

1. 玉ねぎとズッキーニを薄切りにする。

2. オリーブオイルを熱したフライパンで1を炒める。

3. 湯剥きしたトマトを角切りし、お皿に入れる。

4. バジルの葉をさっと洗って千切りにし、3に入れる。

5. 4に2を加える。

6. ドライオニオンと細かくしたフェタチーズをふりかける。

主菜として、またはつけ合わせとして召し上がれ。

Nettoyant pour les couverts en argent
［銀食器のお手入れ］

アンティークのカトラリーが大好きだけ
ど、シルバーはどうしても酸化して黒ず
んでしまう。そんなときには、天然の
素材を使った効きめ抜群のクリーナー
を使って定期的に磨けばピカピカに戻
る。毎日のように愛用しているものを
丁寧にお手入れすると、喜びもひとし
お。よく調べてみれば、家のどんな掃
除にも、自然由来の洗剤は必ず見つ
かる。私は、環境汚染の原因となりう
る成分を含んだ洗剤はなるべく使わな
いようにしている。

材 料

- 深めのリム皿 … 1個
- アルミホイル … 1枚
- 重曹 … 適量
- 熱湯 … 適量

作り方

1. 大きなリム皿に、ツルツルした面を上
   にしてアルミホイルを広げる。

2. アルミホイルの上にカトラリーを置く。

3. 重曹をたっぷりふりかける。

4. 沸きたての熱湯を、3がすべて浸るま
   で注ぎ、数分待つ。

5. やけどに注意しながらカトラリーを取
   り出す。

6. 水ですすぎ、乾いたふきんで拭く。

Les compagnons ［よき相棒］

サン・ジャン・ド・リュズにあるエスパドリーユの店の前で、妻が出てくるのを待つ、ダックスフンドを連れたおじいさんを見かけた。この飼い主さんはとても穏やかそうだったのに、犬のほうはひどく吠えて、通りがかりの人を怖がらせていた。

お年寄りと犬の関係性には、いつもほろりとさせられる。歳をとればとるほど、ペットに甘くなるのかもしれない。

しつけは二の次になるのだ。

よほど甘やかされて、家の主のような存在なのだろうなと、この犬を見ながら考えた。

Anémones du Japon

[シュウメイギク]

秋の訪れをことほぐ花。踊るように伸びる茎、
白や薄紫色の花びら、ふんわりと軽やかに咲
く姿は、この季節の女王の風格がある。

10月
Octobre

夏はすっかり終わったものの、気持ちいい晴れの日も多いこの時期、素敵な秋のはじまりを存分に楽しみたい。

庭は実りの季節。りんご、洋梨、かりん、くるみ、栗……。来たる冬に備えて蓄えの準備をすべく、自然と台所で過ごす時間が長くなる。

10月の森の散歩は、格別に気持ちがいい。暖かな色をした枯葉のじゅうたんの上を歩きながら、自然が放つ濃厚な匂いを楽しみ、きのこを探しまわって、かごいっぱいに摘んで帰り、その日のごはんにする。静寂に包まれる冬を迎える前に、自然はありったけの恵みを私たちに与えてくれる。

秋の楽しみはたくさんある。

りんごタルトを焼いたり、かりんのジュレやパート・ド・フリュイをこしらえたり、野菜のポタージュ、りんごやかりんのコンポートを作ったり、たんすにしまっていた暖かいセーターを取り出して袖を通したり、模様替えで部屋を心地よくしたり、ベッドに毛布を一枚増やしたり、編み物やインテリアの雑誌をめくったり……。

秋の自然の色の組み合わせを観察していると、絵を描いたり服の着こなしを考えたりするときの参考になる。

赤、茶、黄といった木々の色調は、毛糸のセーターやストールにしたら素敵だなぁと思ったりする。いつか時間のあるときに編み物を習って、秋が教えてくれるそんな色合いの服や小物を作ってみたいなと思う。

Se nourrir de l'harmonie de la nature

[自然とのふれあいで元気をもらう]

本格的な寒さが訪れる前のこの時期は、庭に咲く花々をまだ楽しむことができる。

テーブルや棚に置くだけで家の中を明るくしてくれる、小さなブーケを作るのが私は好き。形や大きさの違う、同系色の花をいくつか選んで、上手に組み合わせる。

ブーケ作りは、それがどんな小さなものであっても、心が休まる作業で、心配ごとやネガティブな思考が詰まっていた頭を空っぽにして、本当に大切なことだけに意識を引き戻してくれる。

森や庭で、栗やくるみを拾ったり、草花や野生の動物を観察したりするたびに、私はいつも、自分と世界が本当につながっている感覚になる。人間が自然とふれあうことは、単なる趣味や楽しみを超えて、心のバランスを保つために必要不可欠なことなのだ。

Tenue d'octobre ［10月のワードローブ］

薄手のワンピースやショートパンツは、クローゼットにしまって、来年の夏までさようなら（気候変動のせいで、10月でも8月のような暑さがぶり返す日もあるけれど）。

そしてこれからは、パンツや厚手のカットソーを着る生活に、また慣れていかなくてはならない。

フランスでは好みの服をなかなか見つけられないけれど、日本だと、形もよくて私の体型に合うものを売る小さなブランドがたくさんある。それに、季節の変わり目にちょうどいい素材も多く、写真で着ている日本製の七分袖カットソーは、厚みのあるコットン地で、Tシャツとスウェットのあいだをとったようでちょうどいい。

日本の生地のクオリティは、ほかとは比べものにならないほど素晴らしい。日本でなら、ただただ布を触ったり眺めたりして、何時間も過ごすことができる。

Le voyage à Rome ［ロ ー マ 旅 行］

ローマは、私にとって、世界でいちばん美しい街のひとつ。建築、
古代遺跡、夢みたいにきれいな空、地中海沿岸独特の植物など、
ここにあるすべてものが、まるで五感への贈り物のよう。街を散策
していると、色彩と味覚の美しさが詰まった巨大な劇場の中を歩
いている感覚になる。

ローマに暮らす人たちは街のイメージそのもの。 サン・ロレンツォ・
イン・ルチーナ広場にあるカフェテラスから、舞踏会のように行き
交う地元の人々を眺めていると、おいしいカプチーノとコルネット
が、さらにおいしくなる。優雅さ、鮮やかな色、芝居がかった歩
き方や話し方……。この街の住人は、終わることのない演劇の
登場人物みたいに見えてくる。そして、cartoleria、panetteria、
gelateria、drogheriaといった、界隈にたくさん並ぶ昔ながらの
お店もローマの魅力に大きく貢献している。

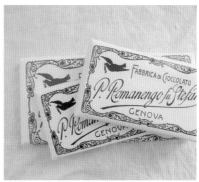

Souvenirs de Rome ［ローマのおみやげ］

トリノのLeone のパスティリエ※、ジェノヴァのRomanengo のチョ
コレート、シチリアのピスタチオなど、イタリアの首都であるローマ
には、国中の逸品が集まっている。

ジェラートを持ち帰るのはあきらめるとしても（それに、現地で味わ
うのがいちばん！）、Sant'Eustachio のコーヒー豆を買い込まず
に帰るなんて考えられない。お店と同じ名前の広
場にさしかかった瞬間、店内で焙煎されている豆
のいい香りが漂い、引き寄せられてしまう。
Castroni のような食材店が街にたくさんあって、そ
こに並ぶさまざまな種類のイタリアの名産品で、スー
ツケースがあっという間にいっぱいになる！
商品の包み紙もクラシックでありながら、小粋でカ
ラフルで、イタリアのイメージそのもの。

※パスティリエ：1857年に誕生した
レオーネ社の名物キャンディ

Ma collection de savons ［石けんのコレクション］

私の石けん好きは母譲りだ。母はバカンスから帰るたびに、ロバ乳やクレイ、オリーブオイルなど、色や形、香りもさまざまな職人手作りの石けんをひとつやふたつ、持ち帰ってきた。

私がSanta Maria Novellaの石けんに初めて出会ったのは、イタリアのフィレンツェを旅行したとき。1221年にドミニコ会の修道士たちが生んだ石けんで、それぞれの特性に合わせて厳選した原料を使い、丁寧に作られている。

石けんコレクターは、美しい包み紙のコレクターでもあり、包装紙が石けんの人気を左右する大きな決め手になっているとも言える。私も、体を洗うのにはもちろん、かわいい包み紙のまま取っておいて、洋服だんすの中に入れたりもする。

そのほか、シリアの宝とも呼べるアレッポ石けんのような、昔ながらの製法で作られた石けんを集めるのも大好き。

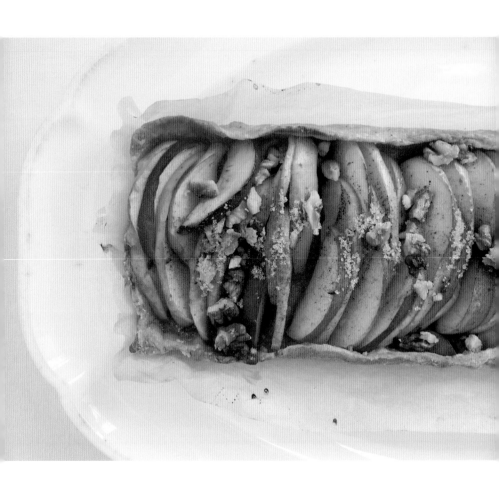

La tarte aux pommes

[りんごタルト]

果物を使ったデザートの中でも、りんごタルトは、
みんなが喜ぶ定番中の定番。りんごは日持ちして、
一年を通して味わえる、とても貴重なフルーツ。

材料（直径26cmのタルト型1台分 ※写真では長方形の型を使用）

大きめのりんご … 5〜6個

小麦粉 … 200g

有塩バター … 100g

水 … 10ml

砂糖 … 75g

刻んだくるみ … 少々

作り方

1. 常温でやわらかくしたバターと小麦粉、水を混ぜ合わせ、生地を丸くまとめる。

2. 生地を1時間寝かせる。

3. りんごを洗って4つに切り、さらにスライスする。有機りんごではない場合、皮をむく。

4. 生地を伸ばしてタルト型に敷く。オーブンを210℃に温めておく。

5. スライスしたりんごを、できる限り隙間なく生地の上に並べ、砂糖とくるみを上にまぶす。

6. オーブンに入れて30分焼く。

よりしっとりとした味が好みなら、りんごを並べる前に、りんごやそのほかの果物のペーストを生地の上に敷くのがおすすめ。

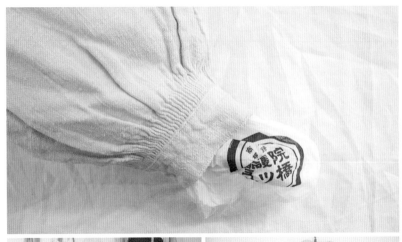

Le sac à sacs
［ポリ袋ストッカー］

古い家の屋根裏には、リネンやヘンプの布で作られた、かなり厚手の作業用シャツが必ずと言っていいほどある。今の時代、これほど上質なリネン生地はそう見つからない。

長いあいだ置き去りにされていたシャツは、たいていサビのシミがついていたり、ひどく擦り切れたりしていて着ることはできないけれど、布を再利用して、新しい服や小物に作り替えない手はない。そこで、袖口のギャザーの美しさを活かしたポリ袋ストッカーを作ることにした。

材料

- リネンやヘンプの厚手の古着シャツ … 1枚
- クリップ式のカーテンリング … 1個
- はさみ

作り方

1. シャツの袖を好きな長さにカットする。

2. ポリ袋を中に詰める。

3. 袖の上部をクリップ式のカーテンリングで閉じる。

4. キッチンの壁やフックにひっかけて使う。

Un romain dans toute sa splendeur ［華麗なるロマーノ］

豪奢な装飾と暖色の壁に囲まれたローマの美しい街並みの中、通
りを行き交うローマの人々を観察するのが、私の楽しみのひとつ。
いちばんよく見える定位置は、カフェやレストランのテラス席。
トラステヴェレ地区で会ったこのムッシューは、この界隈の顔役だ。
ローマのおじさまたちは、街の壁に負けないくらい、温かみのある
色調でそろえた装いをしていて、その色合いが、オーダーメイドで仕
立てたスーツの素材の上質さと完璧なフォルムを際立たせている。
なんだかまるで、永遠に続くファッションショーを眺めているような
気分になる。

Pensées

[パンジー]

なんて愛らしい響きの名前。素朴でありながら
繊細で、夏でも冬でも、ちゃんとそこに咲いて
いる。庭を明るく照らすかわいい笑顔のよう。

11月
Novembre

少しずつ本格的な寒さが訪れ、自然は冬支度をはじめる。

11月は秋真っただ中とはいえ、しばしば冬の気配を感じさせる。

厚手のニットとレインコートはクローゼットから出したまま、しまうこともなくなり、外よりも室内で過ごすのが日常になりつつある。

だから私は、秋らしい穏やかな気候をもう少しだけ味わうために、よくこの時期に日本への旅行を計画する。それは、年に一度のお楽しみ。

フランスでは、灰色の空が広がり、雨が多く、ちょっと寂しい感じがするこの月も、日本ではどちらかというとカラッとしていて、気持ちよく晴れる日が多い。過ごしやすい気温のおかげで、紅葉やイチョウの美しさを存分に愛でることができる。

1日は諸聖人の祝日、11日は第一次世界大戦の休戦記念日と、11月には二度の祝日がある。

また、9月に新年度がはじまってから最初の学校休暇がある時期でもあり、「プティット・バカンス」と呼ばれている。新学年での慣れない勉強をがんばった生徒たちは、ようやくひと息つけるとあって大喜び。

この季節になると、スープのような体が温まる野菜料理を、またよく作りはじめる。

そして、いつもオーブンで何かしらのケーキを焼いている。

Les tulipes ［チューリップ］

複雑に入り組んだ形、花びらの色を引き立てる明るいグリーンの
茎と細長い葉、そんなチューリップのブーケは、いつだって素敵に
見える。その美しさをさらに際立たせるために、私は必ず、同じ品
種と同じ色のチューリップだけを選んで花束を作ることにしている。
マルシェでチューリップを買って家に帰る道すがら、すれ違う人た
ちはみんな、私の手に持つその花を見て笑顔になる。
私が常々残念に感じているのが、パートナーを喜ばせる完璧なプ
レゼントだと思って、赤いバラの花束を選ぶ男性がとても多いこ
と。彼らはなぜ、バラの代わりにチューリップを贈ろうという発想に
至らないのだろう！
種類もかなり豊富で、花びんにいけると自由にうねって美しい曲線
を描き、切られたあとも水の中で育ち続けるチューリップは、もっと
愛されてもいい花だと思う。

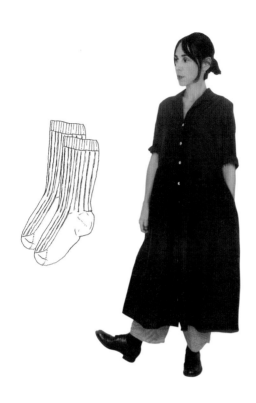

Tenue de novembre ［11月のワードローブ］

11月は、素材をミックスしたり、夏物と冬物をミックスしたりするのが好き。日本のファッションを参考に、コットンシルクのゆったりとしたワンピースの下に、リバーシブルのコットンパンツを合わせる。出かけるときは、ざっくりとしたセーターとニット帽をプラスして、防寒用に暖かい靴下をはく。同系色でそろえれば、たとえ季節感の異なる服でもミスマッチの心配なくコーディネートすることができる。ニット帽やマフラー、靴下など、クローゼットにしまっていたモヘアの小物を出す瞬間が好き。優しい手触りと色合いに癒され、早く冬にならないかなぁという気持ちになる。2カ月後には、もう冬なんて終わってしまえばいい！と、うんざりしているのが目に見えているからこそ、今だけは、冬を待ちわびるこの弾む心を楽しみたい。

Voyage au Japon ［日本旅行］

日本を旅するなら、春と秋、このふたつの季節がいい。

桜の季節は本当に素晴らしいけれど、満開の桜を楽しむには、滞在する期間をちゃんと見計らわなくてはいけない。

開花時期は毎年違っていて、私はいつもタイミングを外して、満開の桜を見られたためしがない。日本に到着したときには、すでに花びらが地面に散り落ちているか、つぼみがようやく開きはじめたころに、フランスに帰らなくてはいけないという経験ばかり！

その点、11月は間違いない月。

カラッとした美しい秋晴れが続き、気温も暑すぎず寒すぎず、紅葉や寺院の庭園に生えた美しい苔を愛でることができる。そして、秋の味覚は、日本で味わえるいちばん素晴らしいもののひとつ。キリッと冷えた生ビールと一緒に味わう、塩炒りぎんなんは最高のアペリティフだ。

Omiyage ［おみやげ］

フランスではあまりショッピングをすることのない私だけど、日本で
はどちらかというとその逆。

気に入ったものがあり過ぎて、選ぶのが本当に難しい。

画材専門店で、デッサン用の画材道具は必ず買うことにしていて、
ほかにも、ジャムから靴下、文房具、かわいい洋服まで見つかる、
小さな雑貨屋さんも大好き。

日本の製品は、素材の質がほかと比べものにならないほど素晴ら
しく、毎回感動させられる。

11月に日本を旅行すると、おみやげに加えて、クリスマスプレゼン
トにぴったりなものも買うことができる。大福やおまんじゅう、いろ
いろな味のジャム、紙ものや布小物……。

日本で買ってきたプレゼントは、間違いなく、みんなが喜んでくれる。

Souvenirs graphiques du Japon ［日本の美しいグラフィック］

何度となく日本を訪れ、たくさん（すぎる）オブジェを持ち帰ってきた。骨董市の掘り出し物がほとんどで、色の迫力、文字と絵柄のバランス、タイポグラフィ、どれをとってもデザインとグラフィックが感動的に美しく、インスピレーションを与えてくれる。

家では、古包装紙や20世紀初頭のマッチ箱、タバコの箱、薬袋、そのほかこまごましたものを箱や引き出しいっぱいにしまっている。ひと目でがらくたとわかるものでも、私にとっては独創的なグラフィックの宝庫なのだ。

子ども時代から日本のオブジェや印刷物に惹かれ、初めて手にしたキキ＆ララの小銭入れから、お気に入りの文房具（これもサンリオだった）まで、日本のデザインのとりこになった。

日本滞在中に、東京の富岡八幡宮や京都の東寺、大阪の四天王寺などの骨董市に、最低ひとつは訪れるように予定を組む。

recette

Pommes de terre et carottes vapeur

［じゃがいもとにんじんの蒸しもの］

外が寒い日には、体を温め癒してくれる、

じゃがいもとにんじんのシンプルなひと皿がいちばん。

材料 (1人分)

じゃがいも … 2〜3個

にんじん … 1〜2本

グリーンオリーブ … 5〜6個

ドライオニオン … 適量

塩の花 … 適量

オリーブオイル … 適量

エルブ・ド・プロヴァンス … 適量

こしょう … 適量

作り方

1. 野菜の皮をむき、にんじんは薄い輪切りに、じゃがいもは角切りにする。

2. 切った野菜を蒸す。ときどき確認しながら、やわらかくなったら火を止める。

3. 深めの皿に盛り付け、オリーブオイルをたっぷりまわしかける。

4. 輪切りにしたオリーブ、エルブ・ド・プロヴァンス、塩、こしょうを適量、ドライオニオンをひとつかみほど上にまぶす。

温かいうちに召し上がれ。

Le carnet de voyage
［旅 の 手 帳］

旅に出るときは必ず手帳を持参して、毎
日の思い出を記録する。旅行中は、仕
事や家事、雑務で頭がいっぱいの日常
生活から切り離され、私の中の全感覚が
目を覚ます。何にでも好奇心を持って感
じ、触れ、耳を傾け、すべてを見尽くし、
味わい尽くす。

手帳には、その日の天気や訪ねた場所、
食べたものをメモしたり、包装紙の切れ
端や切符、木の葉なんかを貼り付けたり
している。手帳は、写真よりもずっと、旅
ごとの感覚的な記憶を残せるから好き。

材 料

- 手帳（ハンドバッグに入るサイズ）
- ペン（水彩絵具セットも）
- のり
- マスキングテープ
- はさみ

作 り 方

1. 一日のまとめを書く（行った場所、
   会った人、食事、天気、トラブル、驚
   いたことなど）

2. 文章の合間に絵を描いたり、美術
   館のチケット、地図の切れ端、道で
   拾った葉っぱや花など、その日のこ
   とを思い出させる小さなものをコ
   ラージュしたりする。

自分で眺めたときに、心地よく感じるよ
うな仕上がりを目指すのがポイント。旅
が終わってから読み返してみれば、とっ
てもうれしい気持ちになるはず。

Otoshiyori ［おとしより］

もうご存じの方もいるかもしれないけれど、私はお年寄りに対して、深い慈しみを感じている。

日本で見かけるたくさんのお年寄りは、人でごった返すにぎやかな場所に出かけるだけでもひと苦労だろうに、年齢を重ねても、服装に気を配り、センスのいい着こなしを心がけていることに、いつも驚かされる。

ある秋の夕暮れどき、渋谷界隈の焼き芋屋さんのそばで、このムッシューを見かけた。

屋台のトラックのスピーカーから流れる、「やーきいもー、やーーきいも！」という売り文句を聞きながらムッシューの姿を眺めていたら、なんだか幸せな気持ちになって、目に涙がにじんだ。

Roses de Noël

[クリスマスローズ]

魅惑的な美しさに加え、特に黒い品種は驚くほ
ど丈夫。氷点下25℃の極寒に耐え、雪の下で
も花を咲かせる強靭さは、まさに冬の女王。

12月
Décembre

冬時間に変わってひと月ほど経ち、日暮れもどんどん早まって、本格的な冬に突入する。

これからの数カ月は、きちんと厚着をしたり、部屋を暖かくしたり、ウイルスに気をつけたりと、寒さ対策で頭がいっぱいになるけれど、幸い、クリスマスから年末にかけてのお祭り気分がそんなわずらわしさを吹き飛ばしてくれる。プレゼントを包み、家をデコレーションし、ケーキやサブレ、冬のごちそうを作っていると、今年最後の月に特別感が帯びてくる。

街はわき立つようなにぎやかさ！ どの店のショーウィンドウも、山のように積まれたおもちゃや、よりどりみどりのジュエリー、香水、ドレス、そして最新の携帯電話と、クリスマスプレゼントにぴったりな商品が並び、見ているだけで、もう満足！という気持ちになる。中でも私がいちばん夢中になるのは、パティスリーや高級食材店のショーウインドウ。

何よりも、12月はお祝いのごちそうや普段味わえない極上品を食べることのできる月。年々、私が贈る（そして受け取りたい）プレゼントは食べ物か飲み物が増えている。上質なスパイスや調味料、チョコレートや果物のコンフィの美しいアソート、そして高級ワイン……。

クリスマスディナーの準備はこの月のハイライト。24日の朝にマルシェに出向き、いちばん新鮮なシーフードを買い、テーブルを飾り、デザートの準備をする。

12月は誰もが童心に返る月。それ以上に素敵なことはないんじゃない？

Une unique fleur comme le plus raffiné des bouquets

［どんな花束よりも美しい一輪の花］

いろいろな花を組み合わせてブーケを作るのも好きだけど、一輪
だけ摘んで小さなグラスに挿し、注意深く観察することは、その美
しさを本当の意味で讃えることだと思う。そうしていると、瞑想の
世界に誘われ、夢見心地になる。

クリスマスローズの名で親しまれるヘレボルスは、繊細で色彩豊か、
葉もたくさん茂るのが特徴。冬に咲く花は珍しいので、なおさらじっ
くりと見つめてしまう。霜や雪のヴェールで覆われた、外で咲くヘ
レボルスはことさら素敵に映る。

古い家の玄関やアパルトマンの窓、花屋さんの店先を飾る鉢植え
は、どんな場所でも宝石のように美しく、目をとらえて離さない。す
べてが眠っているように思える冬にも、土の中では新しい生命が
育っているのだと、小さなグラスで咲くこの花が私に教えてくれる。

Tenue de décembre ［12月のワードローブ］

12月になると、セーターにマフラー、手袋、ニット帽など、毛糸の
服や小物がコーディネートの主役の座に戻ってくる。
ゆったりとしたデザインの服は空気が循環しやすく、夏の暑さと同
じように、冬の寒さからもしっかりと守ってくれることに気がついた。
ちょっと色が暗すぎる服装のときは、マフラーやバッグ、ニット帽の
小物でアクセントとなる色味を足す。たったそれだけで、着こなし
全体に温かな雰囲気が出る。

Tシャツの上に薄手のセーターを着て、さらにそ
の上にバルキーなニットを重ね、ボトムスは、コッ
トンパンツか裏地のついたウールのパンツを合
わせる。

重ねた服のあいだをめぐる空気が体温で温まり、
見事な保温効果を発揮してくれる。

Ma région ［私の暮らす地方］

クリスマスといえば、家族と一緒に楽しむ食事。

毎年、クリスマスの数日前に両親の家に行くようにしていて、暖か
い薪ストーブにあたりながら、慌てることなく、母と一緒に食事や
テーブルセッティングの準備をする。私は子どものころから、薪ス
トーブのある実家の、ほっこりとしたぬくもりある雰囲気が大好き。
両親は、周りにお店が一軒もない片田舎の小さな集落に住んで
いる。煙突から煙がたちのぼる家々の屋根
の眺めは、私にとって、ほっと安心できる「プ
ルーストのマドレーヌ」のような存在だ。
食材の買い出しに車で出かけるついでに、
観光するのも恒例になっている。すでによく
知る場所ばかりとはいえ、この地方に点在する見事なロマネスク
様式の教会を見るたびに、新たな感動がこみあげてくる。

Les produits de ma région ［地元のおいしいもの］

私や両親の住むポワトゥ・シャラント地方には、牛やヤギを飼う酪
農家が多く、良質でバラエティ豊かなバターやチーズを一年中楽
しめるという、地元ならではの恩恵がある。

年末のお楽しみであるビュッシュ・ド・ノエルやサブレなど、いろい
ろなお菓子を作るために、私たちは毎年たくさんのバターを買う。
特に好きな塩バターは、パンに塗るだけでもおいしいし、ケーキや
タルト生地、チョコレートムースにも、ちょうど良い塩気を与えてく
れる。

私がいちばん好きなヤギのチーズは、幸運にもこの地方の名産品
でもある。熟成してかなり硬くなったもの（かりんのパート・ド・フリュ
イと味わうとおいしい）や、少し硬めのドゥミ・セック、ハーブで香り
づけされることの多いフレッシュチーズもあり、誰もが必ずお気に
入りを見つけることができる。

Les décorations anciennes de Noël ［アンティークのクリスマス飾り］

毎年12月の初めには、プレゼントを包み、森で拾ってきた赤い実
のついたヒイラギで、部屋の飾りつけをする。ヒイラギの枝は、子
どものころから取っておいたり、骨董市で見つけたりしたクリスマ
スの小人の人形でデコレーションする。

昔のクリスマス飾りには唯一無二の魅力があり、エルフや子鹿、
ツリーといった小さなオブジェも、ヴィンテージの包装紙も、どれも
大好き。デザインはごくシンプルなのに、造形がとても美しい。ク
リスマスのモチーフを描くときのインスピレーション源とな
り、私の子ども時代の思い出を分かち合えたらと願
いながらデッサンする。テーブルにクリスマス飾りの
コレクションを並べていると、たちまち童心に返り、
今すぐにでもこのかわいいオブジェを使って、たくさ
んのプレゼントを素敵にラッピングしたくなる。

recette

La bûche de Noël chocolat-noix-noisettes

[くるみとヘーゼルナッツのチョコレート・ビュッシュ・ド・ノエル]

クリスマスに欠かせないビュッシュ・ド・ノエルは、
ボリュームたっぷりのごちそうのあとでも、
子どもも大人も大喜びして味わうデザート。
どんなに満腹でも、ビュッシュはお腹に入っちゃう!

材 料 (6〜8人分)

[ビスキュイ生地]

小麦粉 … 125g

砂糖 … 125g

卵 … 4個

ベーキングパウダー … 小さじ1

バニラシュガー … 小さじ1

塩 … ひとつまみ

[ガナッシュ]

ブラックチョコレート … 200g

生クリーム … 200g

砕いたくるみとヘーゼルナッツ … 適量

作り方

[ガナッシュ]

1. 鍋に刻んだチョコレートを入れ、生クリームと一緒に溶かし、そこに
   ナッツ類を加える。

2. 冷蔵庫に入れ、ときどき取り出してかき混ぜる。

[ビスキュイ生地]

1. 卵白と卵黄をそれぞれ違うボウルに分けておく。

2. 卵黄のボウルに砂糖を入れ、白くなるまで泡立て器で混ぜる。

3. 2にふるった小麦粉、ベーキングパウダー、バニラシュガーを加え混
   ぜる。

4. 卵白に塩を加え、しっかりと角が立つまで泡立て、メレンゲを作る。

5. メレンゲをつぶさないよう、3のボウルにそっと入れて混ぜる。

6. クッキングシートを敷いた長方形の天板（40 × 35cm程度）に、5
   を流し込む。

7. 210℃に熱しておいたオーブンに入れて10分焼く。

8. 生地がふくらんで薄いきつね色になったらオーブンから取り出し、湿
   らせたキッチンタオルの上に逆さまに置いて、型から外す。

9. クッキングシートをはがし、ビスキュイをふんわりと巻く。

10. 冷めたら、ビスキュイを一旦平らに戻して、ガナッシュの半量を全面
    に塗る。

11. ガナッシュを塗った部分を内側にして巻く。

12. お皿にビスキュイをのせ、残りのガナッシュを表面に塗る。

13. 食べる直前まで冷蔵庫に入れておく。

Les papiers cadeau unique

[世界に一枚だけのラッピングペーパー]

古いものを再利用して、自分だけの一点ものを作ることは、エコなのはもちろん、何よりも楽しい。オリジナルのラッピングペーパーは、作る人にとっても、受け取る人にとってもうれしいもの。

古新聞や古雑誌を眺めながら、プレゼントを贈る相手の人となりや好みにぴったり合う文字や写真を探すのはとてもおもしろい。ページをめくるたびに、美しいイラストや個性豊かなフォントで書かれた文字やフレーズが、すぐに見つかる。

材 料 (すべて適宜)

- 古新聞・古雑誌の折り込み広告やきれいなイラストのあるページ
- 大きな無地の薄紙（A3サイズ以上）
- のり　　　　　　・はさみ
- セロハンテープ　・麻ひもや毛糸

作り方

1. 文字や人物、花などの美しいグラフィックが載っているページを探して、切り抜く。

2. 薄紙の上に、切り抜いた紙をバランスよく、自分のセンスで配置する。

3. それぞれの切り抜きにのりを塗って（端まで塗り残しがないように注意）、薄紙に貼っていく。

4. できた包装紙でプレゼントを包み、セロハンテープで留める。

5. 麻ひもや毛糸をリボン代わりに結んで、できあがり。

Mère et fille ［母 と 娘］

フランスのクリスマスは、家族みんなで集まって、一緒にお祝いする。
パリには、仕事や自分のやりたいことのために故郷の町や村を離
れた地方出身者も多いけれど、クリスマスという特別な日のために、
生まれ育った懐かしい場所に戻っていく。

私の住むアングレームでも、そうした家族の再会の場面を見かけ
ることがある。イラストは、日曜日のミサを終えて、教会から出てき
た母と娘。腕を組んで、マルシェへと足早に向かっていった。きっ
とクリスマスのごちそう作りに必要な食材を買うのだろう。

Épilogue

[おわりに]

最後まで読んでくださり、ありがとうございます。

せわしないリズムで進む今の世の中で、たくさんのことをいっぺんにこなすよう強いられがちな私たちにとって、好きなものに夢中になる時間を少しでも持つことは、とても大切だと思います。何かにじっくり向き合ったり、空想にふけったりできるのは、かけがえのないひとときです。

頭の中で考えをめぐらせ、もの作りに没頭しているときがいちばん、自然や周りの人々との結びつきを感じられたり、自分を見つめなおしたりできるから。
そんな、時間にとらわれることのない、自由な心を持ち続けましょう。

この本が、あなたを癒し、日々の暮らしにちょっとしたヒントをもたらす存在になればいいな、と心から願っています。

2024年冬 アングレームにて
イザベル・ボワノ

著者：イザベル・ボワノ　Isabelle Boinot

フランス、アングレーム在住のアーティスト、イラストレーター。1976年、フランス西部の町ニオール生まれ。雑誌や書籍、雑貨、広告などさまざまな分野で活躍中。著書に『シンプルで心地いいパリの暮らし』（ポプラ社）、『わたしのおやつレシピ』（小学館）、『パリジェンヌの田舎暮らし』『おとしより パリジェンヌが旅した懐かしい日本』（パイ インターナショナル）などがある。
Web：i.boinot.free.fr
Instagram：@isabelleboinot

翻訳：トリコロル・パリ　Tricolor Paris

フランス在住の荻野雅代と桜井道子からなるユニット。サイトやSNSを通じて、パリとフランスの最新情報を独自の目線で届けている。『フランスの小さくて温かな暮らし 365日』（自由国民社）、『とってもナチュラル ふだんのひとことフランス語』（白水社）、『パリが楽しくなる！かんたんフランス語』（パイ インターナショナル）など著書多数。
Web：tricolorparis.com
Instagram：@tricolorparis

フランス田舎暮らし12ヵ月

2024年4月11日　初版第1刷発行

著者・撮影・イラスト	イザベル・ボワノ
翻訳	トリコロル・パリ（荻野雅代 / 桜井道子）
デザイン	高橋朱里（マルサンカク）
校正	株式会社 鷗来堂
編集	長谷川卓美

発行人	三芳寛要
発行元	株式会社パイ インターナショナル
	〒170-0005 東京都豊島区南大塚 2-32-4
	TEL 03-3944-3981 FAX 03-5395-4830
	sales@pie.co.jp

印刷・製本	シナノ印刷株式会社

©2024 Isabelle Boinot / PIE International
ISBN 978-4-7562-5892-2 C0077
Printed in Japan